JIAOWANG YU HEZUO
JIAOAN HUIBIAN

交往与合作

（修订版）教案汇编

主编　付洋
参编　樊颖颖　舒　毅　辜　丽
韩　璟　郭　虹　陈　燕
仇倩茹（按姓氏笔画排序）

中国劳动社会保障出版社

简介

本教案汇编是《交往与合作（修订版）》的配套用书。本书紧扣教学要求，内容编制依照教材单元顺序展开。配套资源可登录 https://jg.class.com.cn，在对应的书目中下载。

本教案汇编由付洋主编，樊颖颖、舒毅、辜丽、韩璟、郭虹、陈燕、仇倩茹（按姓氏笔画排序）参加编写。

图书在版编目（CIP）数据

交往与合作（修订版）教案汇编 / 付洋主编.
北京 : 中国劳动社会保障出版社, 2024. -- ISBN 978-7-5167-6714-6

Ⅰ. G718.1

中国国家版本馆 CIP 数据核字第 2024XU2592 号

中国劳动社会保障出版社出版发行

（北京市惠新东街 1 号　邮政编码：100029）

*

北京市科星印刷有限责任公司印刷装订　　新华书店经销

787 毫米 × 1092 毫米　16 开本　5.75 印张　112 千字

2024 年 11 月第 1 版　　2024 年 11 月第 1 次印刷

定价：18.00 元

营销中心电话：400-606-6496

出版社网址：https://www.class.com.cn

https://jg.class.com.cn

目　录

第一单元　建立良好人际关系

第一课　增进自身礼仪修养

教学单元/课	第一单元第一课	授课题目	增进自身礼仪修养
课时	2 课时	教学对象	新能源汽车 检测与维修班

一、选题价值

新时代下，经济发展由高速度向高质量转变，中国由制造大国向制造强国迈进，这迫切需要培养具有较高职业素质的技能人才，而通用职业素质课程可有效帮助学生树立职业理想信念，建立职业基本意识，掌握通用职业知识，提升通用职业能力，增强职业竞争力。

众所周知，合作共赢。在实际生活中，工作往往都是依靠团队完成的，为了使学生胜任岗位，培养其交往与团队合作能力显得尤为重要。

“增进自身礼仪修养”是第一单元“建立良好人际关系”的基础，内容贯穿全书，具有举足轻重的地位。该课力求通过得体着装、得体妆饰、有效交谈、握手礼仪 4 个方面知识的讲解，培养学生基本的礼仪修养，提升学生的人际交往能力。本节课重点学习第一课“增进自身礼仪修养”中的有效交谈部分。

本节课将“有效交谈”与汽车 4S 店展厅接待岗位相结合，教学内容结合岗位需求，教学活动注重凸显学生的主体地位，通过任务驱动，让学生在行动中内化观念、意识和知识，逐步增进自身礼仪修养，同时提升岗位适应能力。

二、学情分析

结合课前发放的学生基本情况问卷和对学生平时的观察，教师总结出本班学情，具体如下表。

人数	24 人
性别	10 名女生，14 名男生

续表

续表

年龄	16～18岁
专业技能	已经学习了汽车文化、汽车构造等课程，掌握一定的专业知识，但还未学习汽车商务礼仪课程，缺乏展厅接待礼仪，以及用语方面的知识和实战经验
通用素质	1. 已经学习了通用职业素质课程中的“自主学习”模块，有一定的自主学习能力，同时喜欢利用线上资源进行学习 2. 已经学习了“理解与表达”课程，具备一定的表达能力，但缺乏根据实际情境灵活进行有效交谈的能力
学生特征	1. 技工院校学生思想单纯、年轻好胜、热情冲动，与人交往时有时忘记考虑他人的感受和利益，说话有时欠缺分寸。同时，他们还未意识到有效交谈对于增进自身礼仪修养的重要性，不懂得如何进行有效沟通 2. 学生会用简单的语句进行自我介绍，但未完全掌握自我介绍的礼仪和不同场合自我介绍的技巧 3. 学生尚未走入职场，面对人际交往的实际问题缺乏有效交谈的知识和经验

三、学习目标

课前目标	设计思路
基础目标：观看微课，填写课前学习单（详见附件），初步了解有效交谈的6个方面内容	学情：学生已经学习了自主学习模块，有一定的自主学习能力，喜欢利用线上资源进行学习 预期：初步了解有效交谈的主要内容
基础目标：能够通过网络搜集关于4S店展厅接待的流程和礼仪，填写课前学习单	学情：学生已经学习了汽车构造、汽车文化等课程，还未学习汽车商务礼仪课程，缺乏展厅接待方面的知识 预期：增加专业知识储备，为任务实施做好准备
课中目标	设计思路
基础目标：通过观看关于“有效沟通与无效沟通”的视频，阐述有效交谈对于增进自身礼仪修养的重要性	学情：技工院校学生思想单纯，说话有时欠缺分寸，还未意识到有效交谈对于增进自身礼仪修养的重要性 预期：提高学生礼仪修养，增强其有效交谈的意识

续表

续表

课中目标	设计思路
基础目标：能将一句话的自我介绍扩写成包括四要素的自我介绍并完整地表述出来	学情：会用简单的语句进行自我介绍，但内容不够详细，没有特点 预期：能写出较为完整且详细的自我介绍
提升目标：能够根据不同场合恰当地自我介绍	学情：会用简单的语句进行自我介绍，但缺乏实际运用的经验 预期：能根据不同场景有针对性地进行自我介绍
基础目标：能够初步运用有效交谈的方法，分析课本中的案例，使用恰当的请托语、道歉及道谢用语	学情：尚未走入职场，面对实际问题缺乏有效交谈的知识和经验 预期：能够分析案例，运用所学知识解决案例中的实际问题
基础目标：能够综合运用有效交谈中的请托、致谢、致歉等用语完成4S店展厅接待方案的制定	学情：已经掌握汽车销售标准流程，但缺乏4S店展厅接待中与客户沟通的实战经验 预期：能够根据不同情境，参与小组讨论，制定合适的接待方案
提升目标：能够根据不同情境，灵活运用有效交谈的用语，完成不同类型的客户接待工作	学情：已经学习过理解与表达课程，具备一定的表达能力，但缺乏灵活运用能力 预期：能够根据客户不同需求，自然得体地运用有效交谈的常用语完成客户接待任务
课后目标	设计思路
基础目标：能够录制个人4S店展厅接待的视频，对比学习汽车营销大赛接待礼仪环节的视频，总结归纳差异性，优化接待的细节	学情：已经掌握汽车销售标准流程，但缺乏4S店展厅接待中与客户沟通的实战经验 预期：每位同学都进行情境演练，在掌握有效交谈方法的同时提升岗位胜任力

四、学习内容

（一）学习任务描述

1. 某汽车4S店和我校是合作关系，由于近日4S店将进行促销活动，届时人流量大，到店顾客的需求各异，需要我校学生协助完成展厅接待任务。

续表

2. 任务要求：

（1）需按照 4S 店展厅接待礼仪要求进行接待；

（2）需根据不同情境中客户的需求来进行接待；

（3）接待过程中需运用恰当的语言与客户进行有效交谈；

（4）需根据相应的情境使用合适的自我介绍、请托、致谢等交谈用语顺畅地与客户进行交流，体现良好的职业素质。

情境一：王女士是位 27 岁的年轻客户，初次购车，希望有经验的汽车销售顾问接待她。

情境二：张先生是第二次到店，想试驾指定车型，但暂时没有指定可试驾的车辆。

情境三：李先生是你的老客户，已经在本店购买 2 辆汽车，今天来领老客户答谢礼。

情境四：韩先生在店内看车时，突然有事需要离开，但需要韩先生离开前填写对你服务满意度的调查问卷。

（二）具体学习内容

在分析有效交谈各要素及学情的基础上，按照学习任务所需的知识点、技能点和素养，确定以下具体学习内容：

掌握自我介绍的礼仪、四部曲和 PMP 原则；

掌握常用的请托用语、道歉用语以及致谢用语；

明晰请托、道歉、致谢以及网络交流时应注意的问题；

根据课本中不同案例，恰当使用请托、拒绝、致谢和道歉等解决生活和职场中的实际问题；

根据 4S 店不同客户需求，恰当使用自我介绍、请托、拒绝等交谈用语顺畅地与客户进行交流，展现良好的职业素质。

（三）重难点分析

学习重点	
重点内容	1. 自我介绍的礼仪、四部曲和 PMP 原则 2. 请托、道歉的常用语
确定理由	有效交谈是展现自身礼仪修养的重要方式，说话得体对于生活和工作中的人际交往有至关重要的作用。技工院校学生思想单纯，年轻好胜，热情冲动，与人交往时有时忘记考虑他人感受和利益，说话有时欠缺分寸。因此，掌握有效交谈的常用语，有助于更好地适应岗位
突破方法	1. 课前微课学习、线上答题 学生通过线上学习，初步了解有效沟通包含的几方面内容，奠定知识基础 2. 自我介绍的 PMP 原则和“七字口诀” 学生掌握 PMP 原则和“七字口诀”，可以更好地理解和记忆自我介绍的礼仪和方法 3. 自我介绍扩写句子活动 学生根据自我介绍四要素、PMP 原则将原来一句话的自我介绍进行扩写，写出令人印象深刻的自我介绍

续表

续表

学习重点	
突破方法	4. 思维导图梳理常用语 学生根据老师课堂讲解思维导图，梳理并巩固知识点
学习难点	
难点内容	根据不同情境，恰当运用请托、拒绝、致谢和道歉等的常用语
确定理由	学生尚处在青春期，还未走入职场，面对实际问题缺乏灵活运用有效交谈用语的能力。学生已掌握一定的汽车销售标准流程，但缺乏 4S 店展厅接待中与客户沟通的实战经验
化解方法	1.“事件连连看”活动 学生对课本中的真实案例进行分析，然后将案例和课本中的知识点进行连线 2. 4S 店展厅接待任务 学生根据 4S 店不同客户需求，制定接待方案，恰当使用自我介绍、请托、拒绝等顺畅地与客户进行交流 3. 多维度点评 学生进行汽车营销员角色扮演，然后结合企业专家点评、教师点评、小组互评的结果，进一步优化自己的表达

（四）教材分析

本教材紧密围绕技工院校学生的特点和其职业素质方面的需求，通过真实生动的职业活动案例，让学生通过案例分析、联系实际，将交往与合作的知识和技巧更好地运用在实际生活中，使学生具备适应岗位和职业发展所需的人际交往能力、团队合作能力，为学生就业、转岗、创新创业提供支撑。

五、学习资源

本课的学习资源包括学习环境、软件资源和硬件资源。

学习环境	通用职业素质课程专用教室、汽车一体化教室
软件资源	云班课、UMU、问卷星、PPT、微信群
硬件资源	投影仪、电脑、白板

六、教学策略

教师结合学情分析、学习资源和学习内容，从教学组织、教学方法、学习方法和学业评价等方面设计教学策略，提升教学效果。

续表

教学组织

集体教学：课堂上教师进行集中讲解，并对学生遇到的问题进行指导和答疑。

小组竞赛：课中，教师组织学生进行小组比赛，激发学生学习兴趣，提高学生的交往与合作能力。

线上、线下混合式教学：打破课堂壁垒，拓宽学习时间和空间。

教学方法

启发引导法：引导学生思考交流，培养学生的分析能力。

讲授法：总结知识要点，并对学生课前学习的疑惑之处进行解答。

情境教学法：设置不同情境，让学生灵活运用有效交谈的知识点。

分层教学法：根据学生的差异性，设定分层教学目标和多层次的教学活动，使不同基础的学生都能完成相应目标，实现较好的教学效果。

学习方法

自主学习：课前学习微课，初步了解有效交谈的内容，为课中学习奠定基础。

小组合作：通过小组合作完成案例分析，在任务实施环节，制定接待方案，提高沟通与合作能力。

角色扮演：通过角色扮演，模拟真实的岗位任务，提升职业素养。

学业评价

评价主体多元化：学生自评、学生互评、教师及企业专家评价相结合。

评价指标标准化：根据岗位要求和教学目标设计评价指标。

评价方式多样化：线上、线下相结合的评价方式。

续表

七、教学过程						
教学环节	教学内容	学生活动	教师活动	教学手段	教学方法	设计意图
课前						
课前学习环节一	有效交谈的基本内容	【观看微课，线上练习】 1. 观看微课，了解有效交谈的基本内容 2. 填写课前学习单（见附件），完成云班课中的练习题 3. 在微信群进行提问 4. 按教师的引导分组，分为4组，每组6人	【发布微课，异质分组】 1. 在云班课上传关于有效交谈的微课并布置课前学习任务 2. 在云班课上发布课前练习题、学习单 3. 在线批改练习题并反馈，同时在微信群进行答疑 4. 结合练习题作答结果和问卷星调研结果，根据"组间同质，组内异质"原则进行分组	1. 微课 2. 云班课 3. 微信群	自主学习法	1. 学生喜欢运用线上资源进行学习，并具备一定的自主学习能力，教师让学生线上学习微课，可以激发学生学习兴趣 2. 掌握学生的学习情况，为分层教学提供依据
课前学习环节二	4S店展厅接待流程和礼仪	【搜集信息，做好准备】 1. 小组通过网络和书籍搜集整理关于4S店展厅接待的流程和礼貌用语，根据搜集的内容填写课前学习单 2. 观看云班课中的视频 3. 上传课前学习单到云班课中	【在线答疑，整理记录】 1. 发放课前学习单和课前任务 2. 上传《4S店标准销售接待流程》视频至云班课中 3. 查看学生的课前学习单并在线点评	1. 课前学习单 2. 云班课 3. 微信群	1. 自主学习法 2. 小组合作法	让学生自主搜集信息有助于锻炼学生的信息搜集能力，同时为课中任务的开展做好准备

续表

教学环节	教学内容	学生活动	教师活动	教学手段	教学方法	设计意图
课中						
视频导入	有效沟通的重要性以及需要注意的问题	【观看视频，提高意识】 1. 观看关于有效沟通与无效沟通的视频 2. 根据老师提出的问题小组讨论，阐述有效交谈对于增进自身礼仪修养的重要性 3. 小组讨论并将本组观点用 UMU 展示出来	【播放视频，问题引导】 1. 播放视频 2. 提出问题，引导学生阐述有效交谈对于增进自身礼仪修养的重要性 （1）在日常生活和工作中，有效交谈有什么作用? （2）有效交谈包含哪几种常见的交谈情境? 3. 引导学生进行小组讨论 4. 点评学生投屏的观点 5. 总结有效交谈的重要性及几种交谈情境	1. 视频 2. UMU 3. PPT	1. 视频教学法 2. 启发引导法	1. 通过视频中的真实案例让学生意识到有效交谈对于生活和工作的重要性，在今后的人际交往中注意说话的分寸和礼仪 2. 通过投屏的方式激发学生全员参与讨论的热情，提高其课堂学习积极性
知识讲授	自我介绍的礼仪、四要素	【分析思考，跟读记录】 1. 每组派出一名同学上台做自我介绍 2. 小组交叉点评刚才上台同学的自我介绍，分析其优缺点 3. 跟读“七字口诀”，将知识要点记录在课中学习单（见附件）中	【梳理知识】 1. 邀请学生上台做自我介绍 2. 引导学生分析自我介绍中的问题 3. 讲解自我介绍需要注意的礼仪和有效的自我介绍包含的四要素 4. 通过 PMP 原则和“七字口诀”帮助学生理解记忆	PPT	讲授法	1. 学生通过点评提升有效交谈的意识 2. 教师将课本中的知识要点梳理成更容易理解的口诀，帮助学生理解和记忆

续表

教学环节	教学内容	学生活动	教师活动	教学手段	教学方法	设计意图
扩写练习	恰当的自我介绍	【扩写句子，优化介绍】 1. 每位同学根据知识点将一句话的自我介绍扩写成包括四要素的自我介绍并与小组成员一起练习 2. 小组代表随机抽取生活中的一种场景（如工作接待、面试、非正式社交、演讲等） 3. 每组代表根据不同场景进行自我介绍的展示	【组织引导】 1. 发布扩写自我介绍的任务，要求学生将原来一句话的自我介绍按照四要素和PMP原则进行扩写，写出令人印象深刻的自我介绍 2. 巡回指导小组成员练习 3. 请小组代表抽取一种场景并根据场景进行自我介绍 4. 教师点评并强调自我介绍应注意的地方	1. PPT 2. 场景卡片	练习法	针对学生自我介绍过于简短的现象，让学生按照自我介绍的四要素和PMP原则扩写自我介绍，突破本课重点
案例分析	1. 请托的方法和常用语 2. 致歉的方法和常用语 3. 致谢的常用语	【案例分析，连线匹配】 1. 学习请托、致歉、致谢的知识点，并记录在学习单上 2. 小组讨论和分析案例所涉及的知识点并写出有效交谈的用语 3. 小组派代表分享讨论结果 4. 学生针对案例进行小组讨论，从多个有效交谈用语中选择最合适的用语并连线 5. 最快完成任务的两个小组上台分享	【导图梳理，案例运用】 1. 教师通过思维导图梳理讲解请托、致歉、致谢的方法和常用语 2. 展示课本中的案例，引导学生进行案例分析 3. 展示案例和多个有效交谈用语的选项，让学生根据所学知识进行快速连线 4. 邀请最快完成任务的两个小组派代表上台进行连线并阐述连线的依据 5. 教师点评，提炼知识要点	1. PPT 2. 白板	1. 案例分析法 2. 小组合作法	1. 教师通过思维导图梳理知识点，针对学生课前学习中的问题进行着重讲解，有针对性地加以指导 2. 学生在问题引导下，运用本课知识分析案例，学会用有效的交谈用语解决案例中的问题，进而使本课教学难点得以化解

续表

教学环节	教学内容	学生活动	教师活动	教学手段	教学方法	设计意图
任务实施	自我介绍、请托、拒绝、致谢等用语的运用	【模拟情境，学以致用】 1. 明确任务及要求 2. 根据查询的 4S 店展厅接待流程，写出适应情境的自我介绍、请托、拒绝、致谢等用语 3. 小组根据不同情境讨论制定接待方案，填写课中学习单 4. 每个小组派两名代表根据抽取的不同情境进行客户接待展示	【布置任务，巡回指导】 1. 发布任务：某 4S 店将进行促销活动，届时人流量大，到店顾客的需求各异，需要我校学生协助完成展厅接待工作 2. 任务要求： （1）需要根据客户不同需求、展厅接待的标准流程和礼仪接待客户 （2）接待过程中需根据相应的情境恰当运用自我介绍、请托、拒绝、致谢等用语，与客户进行有效的交谈。情境一：王女士是位 27 岁的年轻客户，初次购车，希望有经验的汽车销售顾问接待她。情境二：张先生是第二次到店，想试驾指定车型，但暂时没有指定可试驾的车辆。情境三：李先生是你的老客户，已经在本店购买 2 辆汽车，今天来领老客户答谢礼。情境四：韩先生在店内看车时，突然有事需要离开，但需要韩先生离开前填写对你服务满意度的调查问卷 3. 跟踪指导，及时鼓励 4. 拍摄学生进行接待展示时的场景 5. 邀请企业专家对学生表现进行评价	1. 课中学习单 2. PPT	1. 小组合作法 2. 情境教学法 3. 任务驱动法	1. 通过任务驱动，让学生将所学知识和岗位需求很好地结合起来，满足学生职业发展的需求 2. 通过设定不同情境，让学生了解真实工作情境，激发学生的学习动机 3. 在任务实施过程中运用到自我介绍、请托、拒绝、致谢等用语，使学生将本课的知识点运用到现实生活和职场中，提升学生的人际交往与沟通能力，真正实现从知识到能力的转化，化解本课教学难点

续表

教学环节	教学内容	学生活动	教师活动	教学手段	教学方法	设计意图
总结分享		【反思分享，共同提高】 1. 观看投屏 2. 互评 3. 撰写学习心得。小组代表分享任务实施中的经验	【总结评价，布置任务】 1. 用UMU将任务实施过程中的照片投屏 2. 组织学生互评，对每个小组的表现进行总结评价并对表现突出的个人颁发“最佳汽车销售顾问奖” 3. 总结任务实施中的问题和需要改进的地方 4. 布置课后任务	1. 云班课 2. UMU 3. PPT	小组合作法	任务结束后，让学生反思人际沟通中存在的问题，共同提高
课后						
课后拓展	有效交谈的实际运用	1. 学习汽车营销大赛接待礼仪环节的视频，找出差距 2. 从教师提供的不同情境中选择一个情境，小组合作拍摄4S店展厅接待的视频 3. 及时在微信群提问 4. 自评	1. 上传汽车营销大赛接待礼仪环节的视频，要求学生进行对比学习 2. 强调录制视频时，要注意礼仪方面的要求 3. 点评学生录制的视频并给予反馈 4. 在微信群中针对学生的问题进行答疑 5. 对学生进行评价并引导学生自评	微信群	任务驱动法	教师设置课后任务时，综合考虑汽车专业的特点和学生缺乏实际运用经验的情况。教师一方面让学生在课后拍摄视频，提升学生有效交谈相关用语的运用能力，另一方面让学生通过对比学习，厚植工匠精神

续表

八、教学评价
教师按照评价主体多元化、指标标准化、方式多样化的原则设计评价表（相关评价表详见附件），评价项目与教学目标保持一致。在任务实施环节引入第三方评价，企业负责人会对学生在模拟展厅接待中的礼仪、有效交谈的相关用语以及临场应变能力进行评价。

附　　件

课前学习单

请整理并写出4S店展厅接待流程：

____

____

____

____

请写出4S店展厅接待的礼貌用语：

____

____

____

____

你认为在日常交谈中应注意哪些问题？

____

____

____

____

课中学习单

自我介绍“七字口诀”的内容：

____

自我介绍PMP原则的内容：

____

请按照自我介绍的四要素扩写自我介绍：

____

____

请托、致谢、致歉的礼仪要点有哪些？

____

请托和致谢的常用语有哪些？

____

____

致歉语的模板是什么？

____

学生自评表

班级：　　　　学生姓名：　　　　学号：　　　　总分：

教学环节	评价内容	评价标准				得分
		能	大部分能	基本能	不太能	
课前学习	能认真观看课前学习视频，完成线上练习题	10	8	6	4	
	能及时在线上向老师请教	10	8	6	4	
	能搜集 4S 店展厅接待流程及礼仪方面的知识	10	8	6	4	
知识讲授	能写出自我介绍的礼仪、四要素	10	8	6	4	
扩写练习	能扩写出不少于 30 个字的自我介绍	10	8	6	4	
案例分析	能在学习单上写出请托、致歉、致谢的知识点	10	8	6	4	
	能从多个有效交谈用语中选出最合适的用语并连线	10	8	6	4	
任务实施	能够积极参与小组合作，最终完成学习任务	10	8	6	4	
总结分享	能客观公正互评	10	8	6	4	
课后拓展	能够运用本课所学知识，录制 4S 店展厅接待视频，进行课后拓展学习	10	8	6	4	

填表说明：

能：能独立、高质量地完成学习任务。

大部分能：大体上能独立、高质量地完成学习任务，偶尔需要引导、帮助。

基本能：基本上能独立完成学习任务，但经常需要引导或鼓励。

不太能：需要在教师或同伴的引导、鼓励下才能完成学习任务。

使用方法：教师课前向学生发放“学生自评表”，课后引导学生进行自评。

教师评价表

班级：　　　　学生姓名：　　　　学号：　　　　总分：

教学环节	评价内容	配分	评价标准	得分
课前学习环节一	10道选择题	10	每题1分	
课前学习环节二	搜集整理4S店展厅接待的流程和礼貌用语	5	能准确写出展厅接待的所有流程得5分，少一个流程扣1分 礼貌用语写出5句以上得5分，少一句扣1分	
视频导入	阐述有效交谈对于增进自身礼仪修养的重要性	5	能准确说出2个及以上的重要性得5分	
知识讲授	自我介绍的四要素、礼仪和PMP原则	10	准确写出礼仪四点要求得4分 准确写出四要素得4分 准确写出PMP原则得2分	
扩写练习	扩写自我介绍	2.5	完整性：扩写的自我介绍包含四要素和PMP原则	
		2.5	准确性：根据实际情况准确写出自己的优势	
		2.5	独特性：运用自然联系法或幽默介绍法	
		2.5	根据情境展示恰当的自我介绍	
案例分析	写出有效交谈的常用语	5	完整性：能在学习单上写出请托、致歉、致谢的常用语	
	案例分析结合知识点	5	针对所给的案例匹配课本的知识点（错一项扣1分）	
	根据案例恰当选择常用语并连线。能够用常用语解决案例中的实际问题	2.5	准确性：根据案例准确选择常用语	
		2.5	完整性：能完整地表达所有信息	
任务实施	制定接待方案	10	能积极参与小组合作，制定接待方案	
	根据不同情境进行客户接待展示	2.5	完整性：能完整表达本意，解决客户需求	
		2.5	流程规范性：按照4S店展厅接待流程接待客户	

续表

教学环节	评价内容	配分	评价标准	得分
任务实施	根据不同情境进行客户接待展示	2.5	准确性：能准确使用有效交谈的常用语	
		2.5	连贯性：能在接待中流畅自然地使用有效交谈的常用语	
		2.5	职业素养：能在接待过程中注意展厅接待礼仪，展现较好的职业素养	
总结分享	学习心得撰写	5	认真听教师总结，反思归纳学习内容，完整撰写学习心得	
课后拓展	4S 店展厅接待	10	能根据 4S 店展厅接待礼仪，准确地运用有效交谈常用语接待客户	
		5	视频中的仪态大方、自然	
		2.5	视频画面清晰，声音同步无杂音	
评语				

使用方法：教师课后对学生全程表现进行评价。

学生互评表

班级： 学生姓名： 学号： 总分：

教学环节	评价内容	配分	评价标准	得分
扩写练习	完整的自我介绍	20	能根据不同场景准确、恰当、自然地进行自我介绍，得 20 分	
			能较准确、自然地进行自我介绍，得 15 分	
			能照着自己写好的自我介绍大声读出来，得 10分	
			只能小声地、断断续续地读出自己写的自我介绍，得 5 分	
案例分析	自我介绍、请托、拒绝、致谢等常用语的掌握	5	能积极参与小组讨论和小组合作	
		10	能根据小组讨论结果快速完成连线任务	
		5	能认真倾听小组代表的分享	
任务实施	自我介绍、请托、拒绝、致谢等常用语的运用	5	能积极参与小组讨论和小组合作	
		15	能根据不同情境，制定有针对性的接待方案	
		30	能根据不同情境，恰当、准确地运用有效交谈的常用语与客户进行沟通并注意到接待中的礼仪，得 30 分	
			能根据不同情境使用有效交谈的常用语与客户进行沟通，但表达略显僵硬，得 20 分	
			使用的常用语不符合情境的设定，表达不够流畅，得 5 分	
总结分享		5	能客观参与互评	
		5	能认真倾听小组代表发言，主动反思	

企业专家评价表

班级：　　　　学生姓名：　　　　学号：　　　　总分：

序号	评价内容	配分	得分
1	专业性：按照 4S 店展厅接待标准流程接待客户	10	
2	准确性：根据情境设定，恰当选择有效交谈的常用语进行沟通	30	
3	完整性：能使用有效交谈的常用语完整表达本意，满足客户合理需求	30	
4	连贯性：能在接待客户过程中连贯自然地使用有效交谈的用语	20	
5	职业素养：能在接待客户过程中注意展厅接待礼仪，展现较好的职业素养	10	

评价汇总表

姓名	学号	组别	自评得分（占比 15%）	互评得分（占比 15%）	教师评价得分（占比 50%）	企业专家评价得分（占比 20%）	总分

第二课　敲开人际关系的大门

教学单元/课	第一单元第二课	授课题目	敲开人际关系的大门
课时	2 课时	教学对象	21 级建筑施工 三年制中技班

一、选题价值

本课主要介绍了如何依靠良好的外在形象和内在修养敲开人际关系的大门，既是对上一课的拓展和延伸，又为学生后面的学习奠定基础。

二、学情分析

授课班级为 21 级建筑施工三年制中技班，班级 40 人，男生居多。建筑行业的工作人员需要对接的群体较多，需要有很强的人际交往与团队协作的能力。教师通过问卷星、云班课对学生人际交往、团队合作能力进行多维调研，发现大部分学生对于人际交往很渴望，希望得到他人认可，但是学生整体年龄偏小，容易以自我为中心，对于在人际交往中提高个人素养的重要性认识不够，在交流和沟通方面欠缺经验和方法。

三、学习目标

（一）课前目标

多角度分析案例，了解人际交往中首因效应的重要性。

（二）课中目标

1. 能够认识到人际交往中首因效应的重要性。
2. 能够了解影响第一印象的主要因素并进行自我反思。
3. 能够通过学习情境分析，归纳留下良好第一印象的方法。

（三）课后目标

小组模拟校园招聘会，学以致用，提升理解与表达能力和人际交往能力。

四、学习内容

（一）学习情境描述

值春光明媚，恰同学少年，又到了一年一度的实习季。一家实力雄厚的建筑公司来我校挑选学生去项目部实习，在校内组织了一场面试活动。大家都在精心准备，希望能给公司留下良好的第一印象，获得这次实习机会。

续表

（二）学习内容分析

1. 人际交往初期首因效应的重要性。

2. 影响首因效应的主要因素。

3. 针对面试情境，掌握建立良好人际关系的方法，给他人留下良好的第一印象，开启人际交往的大门。

学习重点	
重点内容	了解人际交往中首因效应的重要性，留下良好的第一印象
确定理由	第一次交往时，45 秒内就能让对方产生第一印象，这一最先的印象在对方头脑中一旦形成，常会占据主导地位，具有不可忽视的重要意义，深刻影响双方后续的交往
突破方法	1. 学生主体，问题导向 让学生自主学习教材内容以及学习资源，积极思考：与人初次交往时，有的人能给你留下良好的第一印象，有的人则相反，他们给你留下好印象的原因是什么？留下不好印象的原因又是什么？ 2. 分析原因，掌握规律 由表及里，由浅入深，让学生通过学习视频、分析案例掌握人际交往的规律，了解首因效应的影响因素，明确首因效应在人际交往中的重要意义
学习难点	
难点内容	总结归纳留下良好第一印象的方法，妥当运用方法提升交往能力
确定理由	首因效应告诉我们，第一印象鲜明牢固，对人际交往有着重要影响。所以，我们要掌握人际交往的技巧和方法，在与人初次见面时利用好首因效应，给别人留下良好的第一印象，提高人际交往的能力
化解方法	1. 情境模拟，讲练结合 根据学生实际情况，设置学习情境“校园招聘会”。让学生以小组为单位进行头脑风暴，用思维导图总结留下良好第一印象的方法并用白板展示 2. 注重练习，提升能力 以学生为主体、以教师为主导，鼓励学生梳理、练习知识点，加快学生素养的养成

（三）教材分析

本课关注的是如何让学生通过学习对职场中人际交往的典型情境有所了解，以便学生将来能较快适应角色变化，找准自己的角色定位，迅速打开人际关系的大门，融入新环境，站稳脚跟。

续表

五、学习资源

（一）学习环境

通用职业素质9S管理教室。

（二）软件资源

云班课、班级QQ群、学习强国、微课视频。

（三）硬件资源

多媒体教室、手机、白板、卡纸等。

六、教学策略

教学组织策略：课前利用云班课发布翻转课堂任务，让学生自主完成知识点学习，观看视频内容，对首因效应的产生进行思考。课中通过让学生还原真实心理实验、完成自测表、小组合作学习，助其总结归纳出留下良好第一印象的方法。课后引导学生思考如何在更多的真实情境中提升自身素养，增强人际交往的能力。

方法运用策略：运用任务驱动法、头脑风暴法、角色扮演法、探究体验法等引导学生围绕首因效应开展学习并进行情境模拟。

七、教学过程

教学环节	教学内容	学生活动	教师活动	教学手段	教学方法	设计意图
课前						
翻转课堂自主探究	短视频《良好的人际关系从一个微笑开始》	提前预习教材，思考以下问题：与人初次交往时，有的人能给你留下良好的第一印象，有的人则相反，他们给你留下好印象的原因是什么？留下不好印象的原因又是什么？	利用云班课发布任务	1.云班课 2.学习强国	自主探究法	锻炼学生的自主学习能力，引导学生思考人际交往中第一印象的重要性
课中						
组织教学		完成签到	利用云班课组织签到	云班课		课前考勤，准备上课

续表

教学环节	教学内容	学生活动	教师活动	教学手段	教学方法	设计意图
环节一新课导入：小实验	首因效应的实验	阅读文字材料，经过初次阅读，体验首因效应	配合音乐，给两个小组看两段描写男孩吉姆的性格的文字，让学生根据文字材料回答：吉姆的个性是内向还是外向呢？	1. PPT 2. 云班课	1. 案例分析法 2. 启发法	激发学生的学习兴趣，引导学生在实验中找答案
环节二知识要点讲授	1. 首因效应的内涵 2. 视频《什么是首因效应》 3. 从古至今的名人故事	理论联系实际，多维度地了解首因效应的由来，以及其在人际交往中的重要性	讲授什么是首因效应，通过播放视频和列举案例引导学生了解首因效应及其重要性	视频	1. 视频教学法 2. 案例分析法	引导学生联系实际，了解什么是首因效应，突出教学重点
环节三自主探究	“第一印象自测表”	完成“第一印象自测表”，反思自身存在的问题	指导学生填写“第一印象自测表”并分析存在的问题	表格	1. 测试法 2. 自主探究法	因材施教，引导学生发现问题
环节四分析问题	1. 首因效应的影响因素 2. “73855”原则： 人的印象形成＝55%的外表＋38%的自我表现＋7%的语言表达	分析首因效应的影响因素及“73855”原则。思考：与陌生人第一次见面时，我们是通过哪些方面来判断其素养和个性特征的	引导学生在了解首因效应的重要性后分析首因效应的影响因素，为下一项教学活动奠定基础		1. 讲授法 2. 头脑风暴法	帮助学生梳理知识要点，学会分析问题、解决实际问题
环节五设置情境	设置情境——校园招聘会	根据学习情境进行头脑风暴，思考如何利用首因效应在校园招聘会中给招聘者留下良好的第一印象。可以从外在形象、自我表现、语言表达几个方面来具体分析并用思维导图的方式进行归纳总结，归纳总结后用白板进行展示	1. 乘胜追击，在学生明确首因效应的影响因素之后，给学生设置学习情境，引导学生思考留下良好第一印象的具体方法 2. 设置评分标准		1. 任务驱动法 2. 头脑风暴法	让学生进入情境，化解教学难点

续表

教学环节	教学内容	学生活动	教师活动	教学手段	教学方法	设计意图
环节六 解决问题	如何留下良好的第一印象： 1. 找准角色定位 2. 主动问好 3. 做积极的倾听者 4. 朋友互助，打破社交圈壁垒 5. 记住别人的名字 6. 展现得体举止 7. 具备良好的自我修养	1. 做案例分析 2. 进行自我介绍接龙 3. 观看视频《倾听技巧》	1. 分析留下良好第一印象的方法和技巧，分析相关案例 2. 指导学生以小组为单位做拓展游戏：自我介绍接龙 游戏规则： （1）介绍自己的姓名、年龄、家乡等 （2）后面一个人必须先重复前面一个人的姓名后方可做自我介绍 （3）不能说出前面同学信息的学生将被淘汰。看哪个组接龙接得最长 3. 让学生观看视频《倾听技巧》，学会运用 SOFEN 技巧	视频	1. 讲授法 2. 视频教学法	归纳出留下良好第一印象的方法和技巧，做重点分析。 用游戏的方法让学生记住与名字相关的特征
环节七 总结评价	对本堂课知识点进行回顾：首因效应又被称为什么效应？影响首因效应的“73855”原则是什么？	梳理本节课的知识点，完成学习过程记录表，倾听教师及企业专家的点评及分享	1. 引导学生回顾课堂内容 2. 引导学生完成学习过程记录表 3. 点评各组表现 4. 连线企业人力资源专家，让其点评同学们完成的思维导图、分享其见过的因第一印象不佳导致面试失败的案例	表格		总结已学内容，点评各组表现，提出优化建议
环节八 作业布置	以小组为单位拍摄短剧《校园招聘会》	以小组为单位拍摄短剧《校园招聘会》并发布在抖音或朋友圈	让学生以小组为单位拍摄短剧《校园招聘会》并发布在抖音或朋友圈。拍摄要求：拍摄内容要呼应本课主题，涉及本课知识点	短剧	任务驱动法	让学生通过完成任务加深对本课知识点的理解

续表

八、教学评价
教师以学习目标为导向，以企业标准与岗位规范为依据，科学地对学习效果进行评估。 1. 组间互评：课前将纸质表格下发至各组，各组课上完成组间互评。 2. 学生自评：学生课后使用手机问卷星小程序扫码填写评价表。 3. 教师评价：教师提前在云班课平台上设置好分值，学生完成云班课平台上教师布置的任务后，后台自动生成成绩。

第三课　增进和维护人际关系

教学单元/课	第一单元第三课	授课题目	增进和维护人际关系
课时	1 课时	教学对象	21 级食品加工专业中级班

一、选题价值

（一）内容典型、来源真实

“增进和维护人际关系”是第一单元的核心内容。教师以解决学生人际交往中实际存在的问题为目的，从学生现实的行为习惯入手，围绕本课知识和能力培养的重点，设置有针对性的活动和学习任务单，分析诊断学生人际交往能力的同时给予学生正确的引导。为了强化教学效果，教师选用毕业生真实工作案例和契合本课主题的热播影视片段，使学生预先了解职场环境，切身体会人际关系的重要性，真正提升学生的人际交往能力。

（二）遵循规律、知行合一

教师将讲授、活动练习和案例分析结合起来，引导学生边感受边思考边记录。教师还设计了四个典型活动，活动开始前有过渡性的提问或导入环节，使教学内容层层递进；活动结束后，教师带着学生总结升华。总之，整堂课遵循了从感性到理性、从理论到实践的认知规律，实现了从知识灌输向能力培养的转变、从书本教学向实践教学的转变，践行了通用职业素质课程以发展为核心的课程理念。

二、学情分析

本课授课对象为 2021 级食品加工专业中级班学生，平均年龄 16 岁，女多男少，学生的具体特征如下。

学习基础	该阶段学生懂得诚信做人的道理，但学生阅历较浅，缺乏人际交往的常识和技巧。另外，学生自我控制和省察能力不足，尊重他人方面问题较多
教学策略	采用案例分析法等教学方法，提升学生认知
思维特点	技校学生思想单纯，有时说话缺乏分寸，忘记考虑他人的感受和利益，不懂得认可他人和真诚赞美；自我认知不足，自信心不足，人际交往观念容易被误导
教学策略	活动引领、任务驱动；鼓励学生勇敢表达、全员参与

三、学习目标

目标层次	目标内容
知识目标	1. 能够说出增进和维护人际关系的做法

续表

续表

目标层次	目标内容
知识目标	2. 能够说出闭环思维的具体表现 3. 能够说出赞美他人的注意事项 4. 能够说出夸赞模板的内容
能力目标	1. 懂得说话不单纯是表达自己的感受 2. 说话在意他人感受，不随意评价他人 3. 做事有首尾，考虑对他人的影响 4. 善于发现别人的优点，给予真诚赞美 5. 能够使用夸赞模板当众赞美他人
素养目标	1. 懂得言行一致 2. 懂得尊重他人

四、学习内容

1. 维护人际关系的方法：

（1）说话有分寸，在意他人感受。

（2）做事有首尾，重视他人利益。

2. 闭环思维的具体表现：接受他人委托一段时间后，无论事情完成得怎样，都要给委托人一个反馈，告知完成情况。

3. 增进人际关系的方法：善于发现别人的优点，给予真诚赞美。

（1）夸赞模板：

夸赞语 + 举证 + 对比。

（2）赞美他人注意事项：

①发自内心。

②赞美而非奉承。真诚的赞美是发现——发现对方的优点而赞美之，阿谀奉承是“发明”——“发明”对方的优点而夸奖之。我们在和人相处时要懂得真诚地赞美别人，而不是阿谀奉承。

③重视目光交流。

④不要同时夸赞很多人。

学习重点	
重点内容	贴标签活动——引导学生说话有分寸，在意他人感受，不随意评价他人 学长经历分享——引导学生做事有首尾，重视他人利益 赞美模板练习——引导学生真正学会赞美
突破方法	1. 学生主体，问题导向 2. 尊重规律，由表及里 3. 全员练习，注重养成

续表

学习难点	
难点内容	引导学生在说话、做事时更多考虑对他人的影响
化解方法	1. 聚焦难点，多重手段 2. 紧扣任务，以评促学

五、学习资源

（一）学习环境

多媒体教室。

（二）软件资源

类型	名称	功能介绍	应用环节
软件资源	课件	呈现知识点和各环节要求	课中
	微视频	呈现案例	课中、课后
	音乐	激发学生学习兴趣	课中
	钉钉	便于教师线上指导、上传资料、检查作业	课前、课后

（三）硬件资源

类型	名称	功能介绍	应用环节
硬件资源	教材	呈现知识点	课中
	手机	便于教师批改作业、与学生沟通	课后
	多媒体设备	呈现教学内容	课中
	学习任务单	记录学习成果	课中
	评价表	便于教师对学生进行过程性和结果性评价	课中、课后

六、教学策略

教学理念上，坚持立德树人，坚持以学生为主体、以教师为主导，注重学生的能力提升。

教学手段上，设计带有评分机制的学习任务单，采用案例分析、游戏、活动、强化训练、实习经历分享等方式，使学习内容、活动细节得以框定。

教学过程上，尊重学生认知规律，讲解由浅入深，引导学生反思并达成共识。

续表

七、教学过程						
教学环节	教学内容	学生活动	教师活动	教学手段	教学方法	设计意图
音乐导入	播放歌曲《一个像夏天，一个像秋天》	1. 听歌曲《一个像夏天，一个像秋天》 2. 思考并回答老师的问题	1. 播放歌曲《一个像夏天，一个像秋天》，提问：同学们羡慕歌曲里描述的这种友谊吗？你们知道良好的人际关系是如何增进和维护的吗？ 2. 点评学生回答 3. 总结：前面我们学习了人际交往中第一印象的重要性，但是人际交往是一个长久的过程，长久的相处一定是靠人品。你认为人品好的表现有哪些？	歌曲	导入法	用轻松愉快的交友类歌曲，引出人际关系的话题，使学生产生兴趣，轻松接受本课的学习主题
“贴标签”游戏	1. 懂得实话不能总是直说，懂得说话不单纯是表达自己的观点	1. 在 A4 纸上写出自己曾给别人起的外号、“贴”的标签、恶意的评价 2. 每组选出一人到另外一组，随机抽取一张 A4 纸贴到该组一个人的后背上。被贴标签的人在学生中走圈，每组代表分享感受，被贴标签的人分享感受 3. 回答老师的问题并将答案填写到学习任务单中	1. 请学生在 A4 纸上写出自己曾给别人起的外号、“贴”的标签、恶意的评价 2. 请每组派一名学生到另外一组，随机抽取一张 A4 纸贴到该组一位学生的后背上。请被贴标签的学生在学生中走圈。观看学生反应，引导学生分享感受 3. 引导学生回答问题并将答案填写到学习任务单中 （1）引导学生回答看到他人被贴标签或自己被贴标签的感受是什么	游戏	游戏法	1. 从学生给他人贴标签的不良习惯入手，引导学生站在不同角度认识贴标签的后果

续表

教学环节	教学内容	学生活动	教师活动	教学手段	教学方法	设计意图
“贴标签”游戏	2. 说话在意他人感受，不随意评价他人	4. 观看《人世间》父子吵架片段并谈感悟	（2）引导学生回答出给别人贴标签的原因 （3）引导学生回答：如果我们给别人起的外号是根据对方身上真实的特征，我们就可以随意评价别人吗？（引导学生从自身和对方两个角度分析后果） （4）引导学生回答：我们和谁说话可以不注意身份？ （5）播放《人世间》周家父子吵架片段（周秉昆从小学习不如哥哥姐姐，爸爸说他不如哥哥姐姐，伤害了他的自尊），同时请学生谈谈感悟 （6）总结：很多时候，话语伤人是因为说话的人没有控制住自己的情绪，没有注意话语对他人的影响	游戏	游戏法	2. 引导学生由游戏体验过渡到理性思考，找到人际交往的痛点，学会谨慎言语、尊重他人
遵守约定	过渡小游戏	跟着老师做游戏	带着学生做一个简短游戏：现在伸出你的右手挥挥手，听我说，看我做。请把你的右手放在你的下巴上（教师示范时把右手放在额头上）。请问你是把右手放在了下巴上，还是额头上呢？你肯定跟我一样放在了额头上。	游戏	游戏法	引导学生思考说和做的关系

续表

教学环节	教学内容	学生活动	教师活动	教学手段	教学方法	设计意图
遵守约定	过渡小游戏	跟着老师做游戏	为什么？因为你们不只听我说了什么，更看我做了什么	游戏	游戏法	引导学生思考说和做的关系
	分析案例	回答问题，并将答案填写到学习任务单中	1. 讲授教材中姚志云的案例 2. 提问： （1）你们有被“放鸽子”的经历吗？ （2）你们放过别人“鸽子”吗？ （3）你们愿意与放你“鸽子”的人做朋友吗？ （4）姚志云的做法是否可取？为什么？ 逐一点评学生的回答，引导学生将问题答案填写到学习任务单中 3. 总结：遵守约定是靠谱的表现	PPT	案例分析法	讲授案例，引导学生重点讨论常见的不守约定的问题
做事有首尾	提问	思考并回答问题	提问：同学们，你们用微信发送重要信息时，遇到过对方长时间不回复的情况吗？你的心情是怎样的？是的，有一种焦虑叫“收到请回复”。在职场中，一些重要通知如果回复不及时，会对双方产生很大的影响。因此，有一种靠谱叫“及时回消息”	图片	提问法	引导学生思考靠谱的表现

续表

教学环节	教学内容	学生活动	教师活动	教学手段	教学方法	设计意图
做事有首尾	观看视频	1. 观看视频 2. 回答问题	下面，我们看看步入社会走入职场，不靠谱的做法会产生怎样的影响呢？ 1. 播放视频《实习学姐的工作经历分享》 2. 提问： 做事不靠谱的后果是什么？如何做事才算是靠谱？ 3. 讲授“闭环思维” 4. 总结：做事有首尾，是靠谱的表现	视频	讲授法	让学姐分享真实的实习经历，将学生带入实际情景，便于学生更好地理解知识点
我会赞美！（想说会说）	提问	回答问题	提问：如何做能拉近人与人之间的距离呢？我们每个人在人际交往中内心真止渴望的是什么呢？ 教师总结：看来，大家都渴望得到别人的尊重。己之所欲必先予人。让我们来学习如何主动给予他人赞美吧		提问法	引导学生完成由维护关系到增进关系的过渡
	找他人的优点	1. 寻找小组成员的一个优点 2. 把刚才找到的优点转变成夸赞语，写到学习任务单上	1. 请学生寻找小组成员的一个优点并用夸赞语夸出来，记录在学习任务单上 2. 教师巡视，督促每个学生填写学习任务单	学习任务单		赞美他人要先从内心的认可开始。通过课堂上的训练，逐步引导学生积极、主动发现他人优点

续表

教学环节	教学内容	学生活动	教师活动	教学手段	教学方法	设计意图
我会赞美！（想说会说）	表达赞美	1. 每组派一名代表当着大家的面将小组成员的优点赞美出来 2. 被夸的人分享感受 3. 教师纠正后，学生代表重新表达赞美	1. 让学生代表当着大家的面将小组成员的优点赞美出来，点评学生的表情、语气和神态 2. 介绍夸赞他人的正确方式，让学生代表重新表达赞美 3. 总结赞美注意事项：真诚、具体、发自内心、有目光交流、不要同时夸赞多人	PPT	体验教学法	使学生在体验中明白要多表达赞美
	赞美模板练习	和小组成员结对练习赞美模板	1. 讲解教材中的赞美模板并进行示范 2. 让每组的一位成员和另一位成员结对练习赞美模板。首先，让学生展示用“夸赞语＋举证”的方式赞美他人；其次，让学生展示用“夸赞语＋举证＋对比”的方式赞美他人；最后，让学生展示用“夸赞语＋举证＋对比＋目光交流”的方式赞美他人 3. 随机选取学生现场展示，点评并具体指导		行为训练法	通过多次训练，让学生熟练掌握赞美模板
	集体表达赞美	学生站成两排，按照教师示范的手势，与对面的同学互相夸赞	引导学生互动，提前示范。互动内容：说出“我/你真的很不错”“我/你真的真的真的很不错”（配合手势）			让学生在互动中表达赞美，感知尊重和认可

续表

教学环节	教学内容	学生活动	教师活动	教学手段	教学方法	设计意图
总结与作业布置	总结与作业布置	学生思考本课所学，并完成作业	1. 播放视频 2. 教师总结：在人际交往中，想要建立良好的人际关系，要学会尊重他人，不随意评价他人；要学会言行一致；要遇到问题多反思自己 3. 布置作业：请同学们拍摄一个你夸赞他人或是他人夸赞你的场景。要求：场景是日常生活中的场景；使用夸赞模板；视频时长不超过2分钟	视频		总结升华

八、教学评价

“贴标签”游戏环节学生评分表

姓名：　　　　　　小组名称：　　　　　　组长：

序号	问题	分值	回答	评分
1	生活中有被贴标签的情况吗？有请打✓，没有打✕	0		
2	你认为被贴标签的原因是什么？	0		
3	你给别人贴过标签吗？ 有请打✓并回答下一题，没有打✕	0		
4	你给别人贴标签的原因是什么？	0		
5	说一说被贴标签的感受！	4		
6	你喜欢跟贴标签的人做朋友吗？请说明原因	4		
7	你认为实话一定要实说吗？	4		
8	如何做到说话有分寸？	10		

续表

续表

序号	问题	分值	回答	评分
9	我上台表演了/代表小组发言了！	3	A. 有　B. 没有	
总分（满分 25 分，主观题小组按分值和答题情况酌情确认得分）				

“遵守约定”环节学生评分表

姓名：　　　　小组名称：　　　　组长：

序号	问题	分值	回答	评分
1	生活中遇到过被人“放鸽子”的情况吗？ 有请打✓，没有打✕	0		
2	你赞成姚志云的做法吗？ 赞成请打✓，反对打✕	3		
3	你认为“放鸽子”的人是怎么想的？	3		
4	说出任意爽约的后果	8		
5	如何避免任意爽约的行为发生？	8		
6	我代表小组发言了！	3	A. 有　B. 没有	
总分（满分 25 分，主观题小组按分值和答题情况酌情确认得分）				

“做事有首尾”环节学生评分表

姓名：　　　　小组名称：　　　　组长：

序号	问题	分值	回答	评分
1	你认为视频中蛋糕店员工的问题出在哪里？后果是什么？	7		
2	事情解决的关键是？	5		
3	如果你是那位员工，你会怎么做？	10		
4	我代表小组发言了！	3	A. 有　B. 没有	
总分（满分 25 分，主观题小组按分值和答题情况酌情确认得分）				

续表

“我会赞美！”环节学生评分表

姓名：　　　　小组名称：　　　　组长：

序号	项目	分值	回答	评分
1	你喜欢的赞美是哪种？	2	A. 敷衍、浮夸　B. 真诚、具体	
2	当众表达赞美时最好是哪种？	2	A. 左顾右盼　B. 表情真诚，注视对方	
3	在同一场合赞美人最好是哪种？	2	A. 同时夸赞多人　B. 不要同时夸赞多人	
4	赞美的时间最好是哪种？	2	A. 发现优点后第一时间赞美　B. 什么时候赞美都行	
5	优点	3		
6	夸赞语	3		
7	夸赞语＋举证	4		
8	夸赞语＋举证＋对比	5		
9	我上台表演了！	2	A. 有　B. 没有	
总分（满分 25 分，主观题小组按分值和答题情况酌情确认得分）				

教师评价表

姓名：　　　　小组名称：

评价内容（每项满分 5 分，总分 100 分）			教师评分
“贴标签”游戏环节	素养	能够回答看到别人被贴标签的感受	
		能够回答贴标签/被贴标签的原因	
	能力	能够上台参与游戏并分享被贴标签的感受	
		能够说出不随意评价他人的原因	
“遵守约定”环节	素养	积极参与讨论，讨论任意爽约的人的想法	
		写出被“放鸽子”后的感受	

续表

续表

评价内容（每项满分 5 分，总分 100 分）			教师评分
“遵守约定”环节	能力	写出如何避免任意爽约的行为发生	
		写出任意爽约的后果	
		代表小组发言	
“做事有首尾”环节	素养	写出蛋糕店员工的问题	
		说出不靠谱的后果	
		写出自己认为靠谱的做法	
	能力	理解闭环思维，说出有效的做法	
		代表小组发言	
“我会赞美!”环节	素养	能够回答出赞美的注意事项	
		找到一条他人的优点	
		能够按照赞美模板要求写出赞美语	
		能够积极跟老师互动	
	能力	能够主动发现他人优点	
		能够按照模板当众赞美他人	

第四课　处理人际关系冲突

教学单元/课	第一单元第四课	授课题目	处理人际关系冲突
课时	2 课时	教学对象	19 级幼儿教育 1 班

一、选题价值

在日常生活中，人际关系冲突是难以避免的。技工院校学生的心理还处于未成熟期，根据“技工院校学生人际关系的调查研究”的结果显示，技工院校学生控制情绪能力较弱，换位思考的意识也相对较弱。一些学生由于不知道如何正确处理人际关系冲突甚至导致人际关系状况严重恶化。

本次课以学生毕业会演舞蹈编排中的人际关系冲突事件为学习情境，以发现问题—分析问题—解决问题为脉络，帮助学生学会使用正确的方法处理人际关系冲突，这对学生在家庭、学校及社会中建立良好的人际关系、增强社会适应能力具有重要的意义。

二、学情分析

学生是 2019 级幼儿教育专业五年制高级班的，大多学习主动、思维活跃并且个性鲜明。但是，不少学生倾向于将人际关系问题出现的原因归咎于他人，在自我反省意识方面较弱，在化解人际关系冲突方面的主动性不够。基本情况分析如下。

能力特点：

学生已经具备文案写作的能力。学习完前三课，学生已具备一定的礼仪修养，并且开始意识到人际关系出现问题的时候，也要从自身寻找原因，这对于调整自我及改善自我具有一定的助力作用。

风格特点：

学生爱表现，乐于竞争，思维活跃，好奇心强，喜欢学习和挑战与专业紧密相关的内容，喜欢互动性强的学习方式，愿意在真实情境下体验学习过程。本次课以毕业会演舞蹈编排为学习情境，对学生具有很强的吸引力。

心理特点：

不少学生对于情绪的控制能力较弱，面临人际关系冲突的时候容易激动，倾向于采取置之不理、言语相冲甚至大打出手的解决方式，妥当处理人际关系冲突的能力相对欠缺。

三、学习目标

课前：

1. 学生能自主观看视频，明白不恰当地处理人际关系冲突带来的不良后果。
2. 学生能自主学习原则性冲突和非原则性冲突的内涵，准确完成相应的测试题。

课中：

1. 学生能运用课前已学知识，区分学习情境中的冲突类型。
2. 学生能通过分析学习情境及参与小组讨论，掌握人际关系冲突产生的原因。

续表

3. 学生能通过分组演绎案例，了解“冷处理、热处理和巧处理”三种处理人际关系冲突的方法，并能识别出学习情境中涉及的是哪种处理方法。
4. 学生能通过参与匿名问卷活动及连线活动，掌握“巧处理”方法的主要特征，学会换位思考，提升共情能力。
5. 学生能通过分析案例，梳理并归纳出高效沟通的四步骤（明确沟通目标、营造安全的沟通氛围、把握好沟通过程及达成共同的协议）。
6. 学生能小组合作，写出化解学习情境中的冲突的解决方案。

课后：

学生能运用所学知识，完成课后作业。

四、学习内容

（一）学习情境描述

2019 级幼儿教育专业 1 班的同学将结束校园生活，走入社会。为了能在毕业会演的舞蹈编排上展现自己最佳的一面，有人想独舞，有人想群舞，大家难以达成共识，出现了互相不理睬甚至语言攻击的现象，导致舞蹈编排迟迟没有进展。现在，需要我们运用自身所学，帮助师兄师姐们化解矛盾，完成舞蹈编排。

（二）主要学习内容

1. 原则性冲突和非原则性冲突的区别。
2. 人际关系冲突产生的原因。
3. 人际关系冲突的三种处理方式：冷处理、热处理及巧处理。
4. 换位思考。
5. 人际关系冲突发生后，高效沟通的四步骤（明确沟通目标、营造安全的沟通氛围、把握好沟通过程及达成共同的协议）。

学习重点	
重点内容	“巧处理”的主要特征。高效沟通的四步骤
确定理由	不少学生对于情绪的控制能力较弱，面临人际关系冲突的时候容易激动，倾向于采取置之不理、言语相冲甚至大打出手的解决方式。重视“巧处理”的方法、掌握高效沟通的四步骤能帮助学生更妥当地处理人际关系冲突，对其构建和谐、健康的人际关系具有重要意义
突破方法	1. 运用案例演绎的方法，让学生直观体验不同的人际关系处理方式引发的不同效果，引导学生反思自己的处理方式和“巧处理”的本质区别在哪里，引导学生关注“巧处理”的重要性并形成认同感 2. 让学生分小组解读案例，运用头脑风暴的方法，梳理出高效沟通的四步骤
学习难点	
难点内容	高效沟通的四步骤在实践中的应用

续表

续表

学习难点	
确定理由	实践体验有助于学生真正掌握高效沟通的四步骤，是将内化的知识外显化的重要途径
化解方法	1. 让学生运用高效沟通的四步骤化解学习情境中的冲突 2. 让学生完成课后作业，以冷静客观的视角审视冲突，反思如何更好地解决冲突，将课堂知识再次加以运用，进一步巩固所学

五、学习资源

（一）学习环境

通用能力建设中心教室。

（二）软件资源

教学视频、课件、学习通。

（三）硬件资源

教学一体机、彩纸、白纸、展板、彩色笔、教材等。

六、教学策略

为更好地实现教学目标，充分尊重学生学习的主体性，实现学生的全员参与，具体采用以下策略。

教学组织：尊重学习规律，分析学生的现实情况，围绕真实的学习情境，课前让学生线上自主学习，提高课堂的学习效果。课中引导学生个人独立学习与小组合作学习相结合，给学生留出独立思考的空间和互学互评的机会。课后让学生撰写作文，与自己对话，学以致用。

教学手段：线上线下资源共享，丰富了教学资源，提高了教学效率和教学质量。将传统的学习与网络信息技术紧密结合，搭建师生互动新型教学平台，提升学生的学习兴趣。

教学方法：依据学情分析的结果及课程的特点，通过翻转课堂，让学生自主探究学习知识，培养学生信息收集的能力及自主学习的能力。采用形式多样的教学方法，体现教师主导与学生主体的“双主”教学理念。

学业评价：发挥以“评”促学的作用，形成学生个人自评、小组自评、小组互评、老师点评的评价“共同体”，践行“及时、客观、有效”的评价设计理念。

七、教学过程

教学环节	教学内容	学生活动	教师活动	教学手段	教学方法	设计意图
课前准备（课前任务引关注）	人际关系冲突的类型：原则性冲突和非原则性冲突	1. 自主观看视频，反思不恰当地处理人际关系冲突带来的不良后果	1. 学习通平台发布课前学习要求		1. 翻转课堂法	引导学生区分人际关系冲突的类型，意识到处理人际

续表

教学环节	教学内容	学生活动	教师活动	教学手段	教学方法	设计意图
课前准备（课前任务引关注）	人际关系冲突的类型：原则性冲突和非原则性冲突	2. 自主学习原则性冲突和非原则性冲突的内容并且完成学习通上的相关测试	2. 检查学生测试的完成情况及效果，对未掌握知识的学生进行线上辅导		2. 启发引导法 3. 自主探究法	关系冲突需要妥当的方式，为课中学习做好铺垫
课中教学环节一：学习引入知情境（引入学习情境）	1. 学习情境 2. 出现人际关系冲突的原因	1. 做好上课的准备 2. 听取反馈，了解课前自主学习的效果 3. 回顾课前知识点 4. 了解学习情境 5. 分析学习情境中人际关系冲突的类型 6. 以小组为单位，分析学习情境中冲突出现的主要原因并展示分析成果 7. 梳理人际关系冲突出现的主要原因	1. 组织教学 2. 评价自主学习的效果 3. 展示课前知识点 4. 给出学习情境 5. 引导学生分析学习情境中人际关系冲突的类型 6. 引导学生以小组为单位分析人际关系冲突出现的主要原因 7. 和学生一起进行梳理人际关系冲突出现的主要原因	1. PPT 2. 张贴板 3. 卡纸	1. 头脑风暴法 2. 小组合作法 3. 归纳法	1. 引入真实的学习情境，并与专业结合，提升学生的学习兴趣 2. 分析学习情境中冲突的类型及出现冲突的原因是化解人际关系冲突的第一步，引导学生遵循化解人际关系冲突的步骤
课中教学环节二：案例演绎析情境（王有豪和肖东的案例）	1. 冲突发生时的处理方法：冷处理、热处理及巧处理	1. 了解活动要求（三个小组根据抽签，演绎冷处理、热处理及巧处理） 2. 演绎完案例后，完成问卷星上的匿名问卷	1. 组织学生进行“王有豪和肖东”的案例抽签活动。组织学生演绎案例 2. 组织学生完成问卷星平台上的匿名问卷（三个版本中哪个版本的表现最符合现实生活中的你？）	1. 教学案例 2. 抽签纸	1. 角色扮演法 2. 案例分析法 3. 启发引导法	1. 引导学生意识到不同的处理方式极大影响了冲突的演变趋势，意识到“巧处理”对于处理即将发生的冲突具有至关重要的作用

续表

教学环节	教学内容	学生活动	教师活动	教学手段	教学方法	设计意图
课中教学环节二：案例演绎析情境（王有豪和肖东的案例）	2. 换位思考及共情	3. 思考问题并总结三种处理方式的特征，选出学习情境中涉及的处理方式 4. 抽签活动中剩下的那个小组负责完成三种处理方式及其名称的配对连线活动，并选出符合学习情境的处理方式 5. 参与投票活动（选出自己最喜欢的处理方式） 6. 掌握“巧处理”方式的重要特征：换位思考及共情	3. 问题引导：三个版本对应的处理方式都有什么特点？学习情境中的处理方式可以对应到其中的哪个版本？ 4. 组织学生完成连线活动 5. 组织学生完成投票活动 6. 和学生一起归纳出“巧处理”的主要特征	3. PPT 4. 问卷星 5. 学习通平台	4. 归纳法 5. 提问法 6. 小组合作法	2. 引导学生掌握“巧处理”的重要特征
课中教学环节三：案例解读明步骤（肖东和张文案例）	高效沟通的四步骤：明确沟通目标、营造安全的沟通氛围、把握好沟通过程及达成共同的协议	1. 思考问题 2. 读案例，小组讨论后梳理出案例中解决冲突的具体步骤，并在班级内进行分享 3. 归纳并掌握高效沟通的四步骤	1. 问题引导：要想化解学习情境中的冲突，我们应该怎么做？ 2. 提供教学案例，组织学生分组进行自主学习，梳理出案例中化解冲突的步骤 3. 基于学生成果，和学生一起归纳出高效沟通的四步骤	PPT	1. 案例分析法 2. 小组合作法 3. 提问法 4. 归纳法 5. 头脑风暴法	通过案例的学习，引出高效沟通的四步骤
课中教学环节四：运用步骤化冲突（化解学习情境中的冲突）	化解学习情境中的冲突	1. 领取任务并回顾学习情境的内容 2. 了解小组互评评价表的内容	1. 再次给出学习情境并布置任务：请大家运用高效沟通的步骤撰写化解学习情境中的冲突的方案	1. 评价表 2. PPT	1. 小组合作法	运用高效沟通的四步骤化解学习情境中的冲突，有助于

续表

教学环节	教学内容	学生活动	教师活动	教学手段	教学方法	设计意图
课中教学环节四：运用步骤化冲突（化解学习情境中的冲突）	化解学习情境中的冲突	3. 分小组讨论并做好撰写方案的准备 4. 根据评价表的内容，运用“高效沟通”的步骤，小组共同撰写学习情境中化解冲突的方案 5. 完成方案后拍照上传到“成果墙” 6. 完成小组互评表并听取教师点评	2. 分发评选“最佳方案组”的评价表 3. 下发撰写方案所需的工具并组织学生进行讨论 4. 组织学生撰写方案 5. 组织学生将完成的方案拍照上传到“成果墙”，供2018级的学生以点赞的方式评选出最喜爱的方案 6. 教师给予点评，结合点赞数及评价表，选出“最佳方案组”	3. 白纸 4. 笔	2. 展示法	学生真正掌握高效沟通的四步骤，将知识外显化
课中教学环节五：课堂总结（总结课堂学习内容）	总结知识点： 1. 冲突的类型 2. 冲突产生的原因 3. 冲突的三种处理方式 4. “巧处理”的主要特征 5. 高效沟通的四步骤	1. 根据课堂总结，整理和补充笔记 2. 填写评价表	1. 总结本次课的学习目标和重难点 2. 组织学生完成学习评价，检查学习效果	1. PPT 2. 评价表	归纳法	及时总结归纳课上所学
课后延伸		完成课后作业并上传到学习通平台	布置课后作业：回想你在生活、学习、工作中遇到过的冲突，是否已处理得当？当时是如何			引导学生以更加客观的视角审视冲突，反思如何更好地处理冲突

续表

教学环节	教学内容	学生活动	教师活动	教学手段	教学方法	设计意图
课后延伸		完成课后作业并上传到学习通平台	处理的，结果如何？如果换一种方式，你又会如何处理？写一篇主题为“如果时间能够倒回……”的作文，上传到学习通平台			引导学生以更加客观的视角审视冲突，反思如何更好地处理冲突

八、教学评价

教师以教学目标为依据，关注学生课前课后的变化，采用教师点评、小组互评、小组自评、学生自评、学生点赞相结合的方式，及时、客观、有效地对学生的学习效果进行评价。评价方式简单易操作，可以有效提升学生处理人际关系冲突的能力和素养。

1. 教师点评：教师结合学生课前、课中及课后的学习及表现情况，及时给出具体的指导建议。
2. 小组互评：各小组根据评价表，选出化解冲突的“最佳方案组”。
3. 小组自评：小组讨论，对本组每个学习环节中的知识掌握情况和活动参与表现进行评价。
4. 学生自评：学生评价自己的学习效果。

小组互评表

评价细则	第一组	第二组	第三组	第四组
沟通目标明确（15 分）				
沟通场所选取合适（10 分）				
沟通状态良好（15 分）				
沟通过程中的提问具有针对性（15 分）				
沟通过程中，双方都充分表达感受(15 分)				
沟通过程中，能够积极倾听对方（15 分）				
达成了共同的协议（15 分）				
总分				

续表

小组自评表

评价环节	评价细则	小组自评得分
知情境	1. 能够分析出学习情境中冲突的类型（5 分） 2. 能够分析学习情境中冲突出现的主要原因（5 分）	
析情境	1. 能够识别出学习情境中冲突处理的方式（10 分） 2. 能够准确完成配对连线（10 分）	
明步骤	1. 能够梳理出案例中人际关系冲突解决的主要步骤（15 分） 2. 能够掌握高效沟通的四步骤（15 分）	
化冲突	能够撰写出化解学习情境中的冲突的解决方案（30 分）	
自我管理、团队合作与沟通的职业素养	学习过程中始终执行 8S 管理（5 分）	
	小组具备合作意识和沟通意识（5 分）	
总分		

学生自评表

评价项目	评价细则	学生自评得分
学习内容	能自主完成学习通上的测试（5 分）	
	能区分学习情境中的冲突类型（5 分）	
	能掌握人际关系冲突产生的原因（10 分）	
	能掌握“冷处理、热处理和巧处理”三种方法的基本特征（20 分）	
	能运用高效沟通的四步骤（25 分）	
职业素养	自我管理：课程学习环节中的精神状态和投入程度都不错（10 分）	
	团队合作与沟通：积极参与各环节的活动，具备合作意识和沟通意识（10 分）	
课程体会	本次课给自己带来的最深刻的体会是什么？（15 分）	
总分		

第五课　保护自己和他人

教学单元/课	第一单元第五课	授课题目	保护自己和他人
课时	1课时	教学对象	20级电子商务班

一、选题价值

本课是第一单元的最后一课，旨在启发学生反思交友行为，避开交友误区，结交益友；教育学生在保护好自己的同时，也保护好他人，从而使人际关系持久且向积极的方向发展。

二、学情分析

1. 授课对象为20级电子商务专业的学生。经过前四课的学习与实践，学生已掌握人际交往所需的基本礼仪、维护人际关系的基本原则与技巧。

2. 学生交友广泛，但缺乏人际交往经验。在日常人际交往中，他们对朋友的分类存在一些误区，对如何能结交到良师益友这个问题存在困惑。

三、学习目标

知识目标：

1. 掌握朋友的类型及良师益友的标准。
2. 掌握交友取舍原则。
3. 掌握结交良师益友的要诀。

能力目标：

1. 能对朋友进行分类，分清益友和损友。
2. 能运用交友取舍原则，重新梳理朋友圈。
3. 能运用结交良师益友的要诀去主动结识良师益友。

情感目标：

培养学生分辨意识、独立意识、合作意识。

四、学习内容

1. 通过分析案例，了解朋友的分类：益友和损友。
2. 通过视频学习，了解良师益友的标准。
3. 重新梳理朋友圈，掌握交友取舍原则。
4. 灵活运用第一单元所学知识，通过小组合作，总结结交良师益友的方法，掌握结交良师益友的要诀。

学习重点	
重点内容	掌握朋友的类型；掌握交友取舍原则，有选择地交往

续表

续表

学习重点	
确定理由	学生交友广泛，但缺乏人际交往经验。在日常人际交往中，学生对朋友的分类存在一些误区，对人性的认知还不成熟，交友有时过度注重利益的获取，缺乏周密的考量
突破方法	1. 游戏导入——“猜猜他（她）是谁？”教师邀请学生参与游戏，引出“朋友”的概念 2. 案例分析，了解朋友的类型。教师通过分析教材案例，引导学生总结出宋婷婷、王有豪为益友，杨军、赵光为损友，明确朋友的类型 3. 观看视频，明白交友原则及交友标准。让学生观看视频《曾国藩的“八交九不交”》，明确人际交往中良师益友的标准和交友取舍的原则。让学生经过思考和讨论后，明白真正的朋友是什么样子的
学习难点	
难点内容	分清益友与损友；掌握结交良师益友的要诀并主动结交良师益友
确定理由	有的学生在交友标准上存在误区，分不清益友和损友，对如何结交到良师益友存在困惑
化解方法	1. 活动体验，捋捋我的朋友圈 （1）教师让学生参与心理游戏：在纸上写出 5 个最重要的好朋友的名字，然后依次划掉，只留一个名字。游戏结束，教师采访学生，适时引出朋友取舍原则 （2）教师通过活动，引导学生梳理朋友圈，将微信中的朋友分成六类，找到朋友圈的良师益友 2. 小组合作，总结结交良师益友的要诀 教师给出一些结交良师益友的要诀，引导学生运用第一单元所学知识，从人际交往及自我提升等方面总结更多结交良师益友的要诀并上台分享

五、学习资源

（一）学习环境

学校未来教室（有 PPT 播放设备和白板等）。

（二）软件资源

学习通、视频、PPT。

（三）硬件资源

电脑、手机。

六、教学策略

本堂课基于成果导向教育理念，以能力为本位、以问题为导向，聚焦学生学习产出。教师以学生为

续表

中心，运用任务驱动、案例分析、启发引导等教学策略，关注学生在学习过程中的个人进步并以学习反馈驱动教学改进。学生通过自主探究、团队合作、角色扮演、实践演练等学习方法，解决职业活动中的实际问题。本堂课真正体现以学生需要为中心，以职业发展为核心、以能力培养为重心的课程理念。						
七、教学过程						
教学环节	教学内容	学生活动	教师活动	教学手段	教学方法	设计意图
课前		登录学习通，完成交友调查问卷	1. 课前一周制作交友调查问卷，并发布到学习通上 2. 分析调查问卷，了解学生交友的情况，及时调整教学内容 3. 挑选有关友谊的 10 句名言。提前布置教室，营造氛围	学习通	任务驱动法	引导学生了解交友中存在的问题
导入	游戏导入：猜猜他(她)是谁?	1. 主动报名参与游戏 2. 参与游戏的学生说出其在班上的好朋友的特征，其他同学猜名字 3. 学生分享好朋友最吸引自己的特质或好朋友做的让自己印象最深刻的一件事 4. 思考：什么是朋友？真正的朋友又是什么样的?	1. 鼓励学生积极参与游戏，引出“朋友”的概念 2. 鼓励学生分享好朋友最吸引自己的特质或好朋友做的让自己印象最深刻的一件事 3. 公布调查问卷结果，分析大家存在的交友问题。提出问题：什么是朋友？真正的朋友又是什么样的?	游戏	游戏法	引导学生厘清朋友的概念
课中任务一	教材案例分析	1. 回答问题 2. 小组合作，分析案例 1～4 3. 将宋婷婷、王有豪、杨军、赵光 4 人进行分类。明白益友、损友的概念	1. 教师提出问题：在实际工作和生活中，我们会碰到什么样的朋友？他们哪些是真正的朋友？哪些不是? 2. 引导学生小组合作，分析教材案例 1～4，将宋婷婷、王有豪、杨军、赵光 4 人进行分类。提出益友、损友的概念	教材案例	1. 案例分析法 2. 小组合作法 3. 讲授法	通过分析教材案例，让学生明白工作、生活中会碰到的朋友类型，分清益友和损友

续表

教学环节	教学内容	学生活动	教师活动	教学手段	教学方法	设计意图
课中任务二	播放视频	观看视频，小组讨论，回答问题	播放视频《曾国藩的“八交九不交”》，提出问题：人际交往中良师益友的标准有哪些？交友要遵守什么原则？	视频	小组合作法	通过观看视频，引出人际交往中良师益友的标准以及交友中需遵守的取舍原则
课中任务三	捋捋你的朋友圈	1. 学生分成 6 个小组 2. 学生在纸上写出 5 个最重要的朋友。按照老师的要求，先划去第一个人的名字，然后，再划去第二个人的名字、第三个人的名字……直到留下最后一位朋友。游戏结束，回答问题 3. 学生根据六类朋友标准，将微信里的好友进行分类，找出朋友圈中的良师益友	1. 说明活动规则并挑选学生回答问题，引出交友取舍原则 2. 引导学生梳理朋友圈，让学生思考朋友圈中的良师益友是谁 3. 总结：人际交往中，并不是朋友越多越好。人的一生，和我们最亲近的 3 个人，往往会影响我们一生的走向。希望大家好好珍惜。人际交往中的合理放弃并不意味着失败，而是一种理性的及时止损和自我保护	活动	活动体验法	通过让学生梳理朋友圈，进一步引导学生对自己的交友情况做深层次分析，学会对朋友进行分类，提升对“有选择地交往”的感性认知
课中任务四	结交良师益友的要诀	1. 学生以小组为单位，运用第一单元所学知识，从人际交往及自我提升等方面总结更多结交良师益友的要诀 2. 小组上台进行展示，采取一人主讲或多人主讲的模式 3. 完成互评	1. 给出一些结交良师益友的要诀 2. 帮助学生运用第一单元所学知识，从人际交往及自我提升等方面总结更多结交良师益友的要诀 3. 适时提供帮助，鼓励小组上台展示，并鼓励小组将一人主讲的模式改成多人主讲的模式 4. 提醒学生依据评分标准进行小组互评		小组合作法	不断启发学生思考结交良师益友的要诀

续表

教学环节	教学内容	学生活动	教师活动	教学手段	教学方法	设计意图
总结		1. 依据互评表细则，结合各组的课堂表现，完成打分 2. 听教师点评，总结自己整堂课的收获，填写自评表	1. 肯定学生课堂活动表现并进行点评，登录学习通进行打分 2. 综合教师评价、学生互评结果，公布最后获胜小组 3. 总结：人际关系中，亲密感很重要，边界感同等重要。对于真心把我们当朋友的人，要好好珍惜；对没把我们当朋友的人，也不必耿耿于怀，更不必浪费时间和精力去讨好。人生有限，我们要做更多有意义的事。在生活和工作中，要主动结交良师益友，要对自己的能力、品行、处境有正确的认识，既融入群体，又保持独立。在工作中，要脚踏实地，切实提高自己的业务能力，让自己变成行家里手 4. 组织学生自评			对学生整堂课表现及时进行总结点评，便于学生巩固本堂课所学知识
课后作业	主动寻找良师益友	利用“方太618”实践活动契机，主动结交良师益友。撰写如何结交良师益友的方案并上传至学习通，为下节课堂分享做好准备	布置课后作业：主动结交良师益友。要求学生利用“方太618”实践活动契机，主动结交良师益友。撰写如何结交良师益友的方案并上传至学习通，为课堂分享做好准备			引导学生将课堂所学知识用于实际生活，延伸课堂，学以致用

八、教学评价

本堂课通过学生自评、小组互评、教师总结点评、学习通测评等多元评价方式，夯实教学重点，落实教学目标，提升学生职业能力。

第二单元　实现高效合作

第一课　了解团队合作

教学单元/课	第二单元第一课	授课题目	了解团队合作
课时	1 课时	教学对象	20 级电子商务班

一、选题价值

本课是第二单元的第一课，是开篇课，为后续几课的开展起铺垫作用。团队建设是团队合作的根基，具有举足轻重的地位。

二、学情分析

1. 20 级电子商务专业的学生，经过第一单元的学习与实践，已掌握人际交往所需的基本礼仪，以及维护人际关系、保护自己和他人的基本原则与技巧。

2. 学生以小组合作形式完成第一单元的学习，对“团队合作”这个概念有一定的认知，但对“个人与团队的关系”的认知还很模糊，对优秀团队的构成要素不了解，在日常学习和生活中缺乏团队精神。

三、学习目标

知识目标：

1. 掌握团队和群体的概念。
2. 掌握优秀团队的构成要素。

能力目标：

1. 能体会团队合作的重要性。
2. 能区别团队与群体。
3. 能明白个人与团队的关系。
4. 能为团队建设出谋献策。

情感目标：

形成团队精神，提升合作意识。

续表

四、学习内容	
1. 理解团队合作的重要性。 2. 区分团队与群体的特点。 3. 通过故事分享、填写问卷，厘清个人与团队的关系。 4. 通过总结班级优缺点等活动，总结优秀团队的构成要素。 5. 灵活运用所学知识，开展小组讨论。6 个小组随机抽取讨论主题，分别从建立优秀团队所需的 5 个要素着手，制定目标、措施。	
学习重点	
重点内容	1. 区分团队与群体 2. 厘清个人与团队的关系
确定理由	学生对“团队合作”这个概念有一定的认知，但对“个人与团队的关系”的认知还很模糊，认为优秀班级建设是班主任和班干部的事情
突破方法	1. 做游戏，明确团队合作的重要性 热身游戏：造山运动。5 位学生一组，围成一圈，背靠背坐在地上，不用手撑地站起来。最先完成的小组为获胜方，最先放弃者为落败方。游戏结束，教师分别采访获胜方和落败方，让学生反思成功和失败的原因、谈对游戏的认识和体会，引出团队合作、目标一致性等话题 2. 案例分析，区别团队与群体 教师带领学生分析教材案例，总结团队与群体的特点，帮助学生加深印象 3. 提出问题，厘清个人与团队的关系 教师基于“木桶理论”提出假设：假设班级是一个木桶，怎样才能让木桶装最多的水？引导学生意识到一个木桶装水量的多少，取决于长度最短的那一块木板。最后，得出结论：长、短木板应各自提升高度
学习难点	
难点内容	1. 总结优秀团队的构成要素 2. 思考如何建立优秀团队
确定理由	学生对优秀团队的构成要素不明确；对在建立优秀班集体过程中，如何更好地发挥个人作用存在困惑
化解方法	1. 引导学生总结班级管理的优缺点 教师根据学校考核结果，结合班主任和任课教师的反馈，帮助学生总结班级管理的优缺点 2. 发放调查问卷，调查学生为班级考核做出的贡献 教师制作调查问卷，让学生通过填写问卷，明白个人与团队的关系 3. 播放视频《大雁南飞》，引出优秀团队构成要素

续表

续表

学习难点	
化解方法	教师播放视频《大雁南飞》,引导学生回答问题:这群大雁南飞的目标是什么？它们是如何达成目标的？在达成目标的过程中它们是怎么分工的？教师和学生一起总结优秀团队构成要素：共同的目标、相互信任、良好的沟通、一致的承诺、技能与承担 4. 活动体验：如何打造优秀班级？ 6 个小组随机抽取讨论主题，分别从建立优秀团队所需的 5 个要素着手，制定目标、措施

五、学习资源

（一）学习环境

学校未来教室（有 PPT 播放设备和白板等）。

（二）软件资源

学习通、视频、PPT。

（三）硬件资源

电脑、手机。

六、教学策略

为提升教学效果，教师充分利用学习通、视频、案例等线上、线下的教学资源，运用任务驱动、案例分析、启发引导等教学策略，解决学生职业活动中的实际问题。本堂课真正体现以学生需要为中心，以职业发展为核心、以能力培养为重心的课程理念。

七、教学过程

教学环节	教学内容	学生活动	教师活动	教学手段	教学方法	设计意图
课前	调查问卷	学生登录学习通，小组合作完成任务	1. 教师发布调查问卷至学习通。要求各小组分别从专业学习、卫生、纪律等 5 个方面梳理班级管理的优缺点 2. 教师查看调查结果并分析汇总数据，便于课堂展示	学习通	任务驱动法	引导学生厘清班级管理的优缺点，为课堂活动做好铺垫

续表

教学环节	教学内容	学生活动	教师活动	教学手段	教学方法	设计意图
游戏导入	游戏：造山运动	1.小组合作，完成造山运动游戏 2.谈对游戏的认识和体会，意识到团队合作的重要性	1.教师向学生公布游戏规则：5 位学生一组，围成一圈，背靠背坐在地上，不用手撑地站起来。最先完成的小组为获胜方，最先放弃者为落败方 2.游戏结束，教师分别采访获胜方和落败方，让学生反思成功和失败的原因、谈对游戏的认识和体会，引出团队合作、目标一致性等话题	游戏	小组合作法	通过游戏，引出团队合作、目标一致性等话题
课中任务一	团队与群体	1.学生分析案例，区分团队与群体 2.进一步了解团队与群体的特点，加深印象	1.引导学生对比分析教材案例，区分团队与群体 2.总结团队与群体的特点，让学生加深理解	案例	案例分析法	对比分析案例，便于学生更好地区分团队和群体
课中任务二	厘清个人和团队的关系	1.倾听木桶理论 2.填写调查问卷，总结为班级做了多少贡献 3.思考并回答教师提出的问题 4.总结并厘清个人与团队的关系：个人是团队的一分子，要与团队荣辱与共，不让自己成为团队的拖累，不让自己的团队落后	1.分享“木桶理论”并告知学生：假设班级是一个木桶，每个同学就是木桶的一块木板，少了谁都不行 2.制作调查问卷并让学生填写 3.随机采访分数较高和较低的同学，询问他们得分高和得分低的原因 4.提出问题：怎样才能让班级这个木桶装最多的水？ 5.给出 3 个选项供学生选择：拿掉短木板？长板补短板？长板短板一起增高？ 6.总结：个人是团队的一分子，要与团队荣辱与共，不让自己成为团队的拖累，不让自己的团队落后	调查问卷	讲授法	通过分享故事和让学生填写调查问卷，引导学生明白个人是团队的一分子，厘清个人与团队的关系

续表

教学环节	教学内容	学生活动	教师活动	教学手段	教学方法	设计意图
课中任务三	播放视频《大雁南飞》	1. 观看视频，小组讨论，回答问题 2. 在教师的引导和帮助下，小组合作，总结优秀团队构成要素 3. 了解团队目标确立的黄金准则	1. 播放视频《大雁南飞》并提出问题：这群大雁南飞的目标是什么？它们是如何达成目标的？在达成目标的过程中它们是怎么分工的？ 2. 帮助学生总结优秀团队构成要素：共同的目标、相互信任、良好的沟通、一致的承诺、技能与承担 3. 总结团队目标确立的黄金准则：一致认同、目标清晰、有可行性	视频	小组合作法	播放视频，引导学生讨论出优秀团队的构成要素，为下一个教学环节做好铺垫
课中任务四	班级管理的优缺点展示	学生课前已完成任务：总结班级管理的优缺点。课上，小组派一名组员上台分享结论	1. 展示最近班级考核结果 2. 带领学生总结班级管理的优缺点，让学生明确前进的方向		小组合作法	总结班级管理的优缺点，让学生明确前进的方向
课中任务五	活动体验：“大家一起来”	1. 根据活动规则，抽取讨论主题，团队合作，完成任务 2. 小组派代表上台分享本组成果，可采取一人主讲或多人主讲的模式	1. 发布任务：参评市级五四红旗团支部 2. 讲解参评标准并解释活动规则。让6个小组随机抽取讨论主题，分别从建立优秀团队所需的5个要素（专业学习、卫生、宣传、团组织活动、技能比赛）着手，制定目标、措施 3. 鼓励学生上台分享		小组合作法	通过设计活动，让学生为班级建设建言献策
总结	教师总结	1. 依据互评表细则，结合各组的课堂表现，投票打分	1. 肯定学生课堂活动表现，适当点评，现场打分 2. 综合教师评价、学生互评结果，公布最佳小组的名字	评价表		教师对学生整堂课的表现及时进行点评、总结，便于学生巩固知识

续表

教学环节	教学内容	学生活动	教师活动	教学手段	教学方法	设计意图
总结	教师总结	2. 聆听教师点评，总结自己整堂课的收获，填写自评表	3. 总结：虽然说团队合作非常重要，但不是所有的团队合作都能成功。成功的团队合作需要成员的共同努力和奋斗。在团队合作之前或团队合作的过程中，我们只有确立清晰可行的团队目标，相互信任，才能实现共赢 4. 组织学生自评	评价表		教师对学生整堂课的表现及时进行点评、总结，便于学生巩固知识
课后作业	“疾风劲草”游戏	1. 小组合作完成游戏 2. 将游戏过程拍摄下来并上传至学习通	1. 发布游戏规则：5 人肩并肩围成一个紧密的圆圈，每个人都做出正确的保护姿势，一个人站在圆圈的中央，两手交叉放在胸前，身体绷直，确认周围的成员已准备好接住自己后，便向身后倒去，其他成员将这个成员接住后沿着圆圈转一圈，转完一圈后，大家扶正这个成员，使其回到圆圈中间 2. 登录学习通，查看学生上传的视频并打分	视频		让学生加深学习体会
	完成课后练习 4	小组合作，完成课后练习 4，按要求完成工作任务单	说明要求及上传时间	工作任务单		

八、教学评价

本堂课通过学生自评、小组互评、教师总结点评等多元评价方式，夯实教学重点，落实教学目标，提升学生职业能力。

第二课　融入你的团队

教学单元/课	第二单元第二课	授课题目	融入你的团队
课时	1 课时	教学对象	21 级旅游服务与管理班

一、选题价值

本课旨在让学生学会融入团队的方法，树立团队合作的意识，形成分工合作的能力。

二、学情分析

1. 初步掌握了建立良好人际关系的方法。在团队合作方面，不知道如何在团队中找准自身定位，对团队缺乏忠诚度。

2. 喜欢互动式的学习方式，比较善于搜集信息。

3. 年龄较小，追求个性，善于模仿，遇到挫折容易产生放弃的念头。部分学生难以表达内心想法。

三、学习目标

1. 了解与团队成员交流的注意事项。

2. 掌握与团队成员建立联系的方法，提升搭建工作网络的能力。

3. 积极参与营造和谐的团队氛围，初步树立团队精神。

四、学习内容

学习重点	
重点内容	掌握主动融入团队的方法
确定理由	学生缺乏合作精神，遇到挫折易产生放弃的念头
突破方法	引导学生：课前独立思考；课中小组合作完成任务，交叉评价；课后小组合作进行拓展实践

续表

学习难点	
难点内容	掌握搭建工作网络的方法
确定理由	学生年纪较小，不知如何在团队中找准自身定位和搭建工作网络
化解方法	引导学生：课前独立思考；课中小组合作进行情境模拟，总结方法和经验；课后小组合作进行拓展学习

五、学习资源

（一）学习环境

智慧教室。

（二）软件资源

课件、钉钉云课堂等。

（三）硬件资源

教材、白板、白板钉、多媒体设备、纸质版评价表等。

六、教学策略

1. 课前发布学习任务，引导学生自主完成知识点学习，课中集中展示及点评。
2. 引入真实情境，运用任务驱动法、展示法等教学方法，充分激发学生学习积极性。
3. 课后引导学生将课上所学及时应用到实践中去。

七、教学过程

教学环节	教学内容	学生活动	教师活动	教学手段	教学方法	设计意图
课前	完成课前任务单	1. 自主学习，回顾初入班级时融入班级的情景 2. 通过教材及网络，初步了解融入团队的方法 3. 根据专业特点，结合个人实际，写一段自我介绍	提前一周发放问卷，下发课前任务单（见附件1），引导学生自学，并撰写自我介绍	钉钉云课堂	任务驱动法	引导学生初步学习融入团队的方法与技巧。培养学生自主学习能力

续表

教学环节	教学内容	学生活动	教师活动	教学手段	教学方法	设计意图
课中	导入	学案例	分析讲解张庭新入职案例	多媒体设备	讲授法	检验课前任务完成情况，让学生展示自我
	自我介绍展示	1. 小组抽签 2. 小组讨论，派代表展示自我介绍	1. 组织各小组抽签 2. 组织各小组按抽签结果进行自我介绍展示： 情境 1：向旅行社领导介绍自己 情境 2：导游首次带团，进行自我介绍 情境 3：酒店新入职者向同事们介绍自己 情境 4：博物馆讲解员带团队时介绍自己 3. 点评与总结自我介绍的要素	多媒体设备	展示法	
	情境模拟——搭建工作网络	1. 学习案例，了解团队里的三类人 2. 各小组抽签选取职场身份 3. 各小组根据抽取的职场身份，设计工作单位中的三类角色	1. 讲解田继莲案例，讲解团队里的三类人 2. 组织各小组抽签选取职场身份 身份 1：新入职旅行社计调员 身份 2：新入职酒店前厅接待员 身份 3：新入职景区游客服务中心接待员 身份 4：新入职博物馆讲解员 3. 组织各小组根据抽取的职场身份，设计工作单位中的三种角色 角色 1：导师或分管领导 角色 2：工位相邻的同事 角色 3：同批入职人员	1. 多媒体设备 2. 白板	1. 头脑风暴法 2. 情境教学法	引导学生组建工作网络，思考如何融入团队

续表

教学环节	教学内容	学生活动	教师活动	教学手段	教学方法	设计意图
课中	情境模拟——与团队成员建立联系	1. 听教师讲解林甜甜案例，结合案例思考：如何以积极的态度与团队成员交谈；如何通过提问与团队成员建立联系；如何营造积极的团队氛围 2. 根据情境，模拟如何融入团队，如何与团队成员建立联系 情境1：新入职的旅行社计调员第一次订购30人团队从乌鲁木齐到上海的机票 情境2：新入职的酒店前台接待员接到客人投诉——房间床单未清洗干净 情境3：新入职的景区游客服务中心接待员遇到外国游客，语言沟通产生障碍 情境4：新入职的博物馆讲解员对如何讲解文物信息不了解，存在很多疑惑	1. 教师讲解林甜甜案例，结合案例讲解主动融入团队的方法 2. 组织各组学生进行情境模拟	3. A4纸 4. 彩色卡纸	1. 头脑风暴法 2. 情境教学法	引导学生组建工作网络，思考如何融入团队

续表

教学环节	教学内容	学生活动	教师活动	教学手段	教学方法	设计意图
课中	评价	1. 小组填写自评表与互评表 2. 小组代表阐述评价结果和依据 3. 听取教师点评	组织小组自评和互评，点评融入团队的方法与技巧（评价表见附件 2），评价结果用雷达图展示	多媒体设备		1. 让学生通过小组自评找问题，通过小组互评互相学习 2. 教师最后点评，总结凝练问题
课后	拓展任务	1. 加入学校社团 2. 收集融入社团活动的素材并在社交平台上分享	1. 发布团队拓展任务 2. 线上与线下沟通，及时解答疑问	钉钉群	练习法	让学生参与身边的社团，将融入团队的方法应用到实践中

八、教学评价

1. 根据学生的兴趣点及专业设计任务，使学生能积极主动地开展学习活动。
2. 多元的评价模式，让学生能够相互学习。
3. 设置课后任务，让学生的实践能力得到提升。

附 件 1

课前任务单

课程名称	交往与合作
任务名称	融入你的团队
学习目标	知识目标：初步了解融入团队的要点 能力目标：具备在初入职场时介绍自己的能力 素养目标：能根据以往的经验分析融入团队的方法。能敞开心扉，主动表达自己
课前任务	1. 思考刚入学时你是怎样融入班级的，举一个例子谈一谈 2. 你是否已经掌握融入团队的方法？教材介绍的方法，你比较认同哪些？还有什么可以补充的吗？ 3. 假设你是一名旅游行业新人，请你编写一段自我介绍

附 件 2

评价表

项目	评价要点	评价内容	优秀（9～10 分）	良好（6～8 分）	待改进（0～5 分）
小组自评	自主学习情况	自主学习，查阅资料，按时完成课前任务单			
	小组合作情况	组员分工明确，人人有任务，能为小组贡献力量			
小组互评	自我介绍展示	自我介绍简洁，符合职业身份			
	工作网络搭建	工作网络搭建合理，角色定位准确			
	融入团队技巧	能够通过提问等方式有效融入团队			
	团队氛围营造	团队氛围和谐			
教师评价	团队融入效果	小组成员能全员参与到活动中来			
		小组成员能融洽相处，完成任务			
		融入团队的知识和技巧运用到位			
	语言表达情况	口头表达准确、清晰、流畅，能用专业术语介绍团队			
合计					

第三课 与团队成员高效合作

教学单元/课	第二单元第三课	授课题目	练就过硬执行力
课时	1课时	教学对象	21级酒店管理专业三年制中级班

一、选题价值

在与团队成员高效合作时，过硬的执行力是必不可少的。如果把执行力不足之处比喻成一个黑箱，那么去除执行力黑箱就成为提升执行力的关键。本次课中，教师会以寻找执行力黑箱—发现关键点—寻找行动秘诀—去除执行力黑箱这样的逻辑顺序开展教学，引导学生找到自己的执行力漏洞，不断提升执行力，让强有力的执行力助力自己与团队成员的高效合作。

二、学情分析

本次教学对象为21级酒店管理专业的学生，学生共20人，年龄在16岁～20岁。

（一）学习基础

学生对于交往与合作的内容和方法已经有了初步的了解和练习，形成了一定的团队意识。此外，学生近期完成了技能展示周的相关任务，对于执行力有了更深一层的认识。

（二）心理基础

从问卷调查的结果来看，学生对于计划的执行力度一般，获得感不够强。高效的执行力能给人积极的心理暗示，执行力不够强容易让人进入自我否定的恶性循环中。

（三）学习特点

1. 学生能在老师的引导下完成对于自身经历的提炼和整理，能够通过自我探索和小组合作获得交往和合作能力的提升。

2. 学生学习热情高，有一定的自学能力，能够通过翻转课堂了解执行力的重要性，但知识迁移能力不足。平时参加学校各类实践活动较多，乐于合作。

3. 学生喜欢互动类的学习方式，不喜欢阅读长篇文字。喜欢参与小组讨论，对于交往和合作能力的提高有较强渴望。

三、学习目标

课前目标	课中目标	课后目标
1. 通过网络学习平台观看有关中国速度的视频，撰写感受（不少于300字）	1. 分享个人参与技能展示周的体会，举例说明执行力不到位的地方 2. 总结去除执行力黑箱的关键点 3. 总结行动秘诀	对参与“校园开放日”活动时的执行力进行复盘

续表

续表

课前目标	课中目标	课后目标
2. 通过问卷进行执行力自查	4. 去除执行力黑箱	对参与“校园开放日”活动时的执行力进行复盘

四、学习内容

学习重点	
重点内容	发现执行力有不足之处
确定理由	在团队合作追求高效的过程中，个人执行力无疑被视为至关重要的基石。然而，当学生初涉职场，面对需要与团队成员高效合作的任务时，个人的执行力往往会遭遇挑战。鉴于此，深刻认识到影响执行力发挥的根源问题，并培养起学生主动提升执行力的意识，显得尤为关键
突破方法	让学生课前观看关于中国速度的视频，引入“少年强则国强，练就过硬执行力强国利民”的思政元素。在课中，引导学生寻找执行力黑箱
学习难点	
难点内容	总结提升执行力的举措
确定理由	学生意识到执行力的不足之处还不够，能够总结出提升自身执行力的具体举措才是最难的
化解方法	1. 鼓励学生通过参与技能展示周进行执行力自检，进而将这一过程中的心得与体会凝结成个人提升执行力的具体策略 2. 通过复盘任务过程，帮助学生更好地理解执行力的真谛

五、学习资源

（一）学习环境

茶社实训室。本次课在茶社实训室进行，茶社实训室由三部分组成：教学示范区、分组学习区和小组展示区。

（二）软件资源

PPT、线上学习平台等。

（三）硬件资源

教材、智慧黑板、白纸、马克笔、彩色卡纸等。

续表

六、教学策略

教学流程：启发探究欲望（翻转课堂完成课前任务）—展开探究活动（去除执行力黑箱）—交流探究成果（行动秘诀列表、小组展示）—继续深层探究（执行力复盘）。

教师：导入情境—导入提示—评价反馈—提炼升华。

学生：主动入境—自主探究—合作交流—提炼升华。

七、教学过程

教学环节	教学内容	学生活动	教师活动	教学手段	教学方法	设计意图
翻转课堂	1. 关于中国速度的视频：《北斗问天的中国速度》《这就是中国速度》等 2. 执行力自查	1. 利用线上学习平台，观看视频，完成课前学习任务单 2. 撰写观看视频的感受，上传至线上学习平台 3. 完成执行力调查问卷	1. 提前一周发放课前学习任务单，上传视频至线上学习平台。接收作业，归纳学生最突出的问题，调整教学策略 2. 利用问卷星发布执行力调查问卷，收集学生填写的调查问卷并进行数据分析 3. 督促学生线上学习并答疑	1. 线上学习平台 2. 调查问卷	1. 翻转课堂法 2. 自主学习法 3. 问卷调查法	使用线上学习平台将可反复观看的视频提前发布，引导学生合理利用时间进行自主学习和探究
课中准备		1. 签到 2. 检查教室环境、学习资料 3. 各小组内部做好角色分配（四种角色：协调员、发言人、记录员、监督员）	1. 考勤 2. 检查学生学习资料			引导学生养成良好习惯，为顺利完成授课做足准备
课中活动1：感受中国速度	从中国速度中感知执行力的重要性	1. 检查作业是否提交 2. 以中国速度为主题做一场演讲	让全班同学一起查看作业提交情况，让优秀学生以中国速度为主题做一场演讲，引导学生从中国速度中感知执行力的重要性，引导学生重视个人执行力，意识到少年强则国强	PPT	1. 案例分析法 2. 讲授法	从宏观的角度，加强学生对于练就过硬执行力的意义的理解

续表

教学环节	教学内容	学生活动	教师活动	教学手段	教学方法	设计意图
课中活动2：寻找执行力黑箱	发现执行力不足之处	1. 各组成员每人至少写出3个自己参与技能展示周时在执行力方面出过的问题 2. 各组协调员、记录员负责将本组成员所写的问题汇总、分类、记录。监督员负责监督活动过程 3. 发言人代表小组简要介绍本组提炼出来的问题类型，每类问题用一个词语或短句概括	1. 详细讲解寻找执行力黑箱的活动规则 2. 引导学生分组寻找执行力黑箱 3. 记录学生个人和各组表现	1. PPT 2. 彩色卡纸	1. 头脑风暴法 2. 小组合作法 3. 任务驱动法	提炼问题类型的过程就是寻找执行力黑箱的过程。锁定执行力黑箱，可以为去除执行力黑箱做足准备
课中活动3：发现关键点	找出执行力缺失的关键点	1. 各组协调员将本组问题类型写在卡纸上，然后粘贴到白板上 2. 全班同学在各组提炼的问题的基础上，提炼出各组共性的问题	1. 引导各组协调员将本组问题类型粘贴到白板上 2. 引导全班同学在各组提炼的问题的基础上，提炼出各组共性的问题	1. PPT 2. 彩色卡纸 3. 白板笔	1. 列举法 2. 小组合作法 3. 任务驱动法	将小组共识上升到班级共识
课中活动4：寻找行动秘诀	1. 观看关于职场新人张雯的微课（2分钟，根据教材案例制作）	1. 观看微课，回答问题 2. 各小组领取行动秘诀列表，阅读行动秘诀列表中的案例 3. 各小组针对案例中的执行力问题，讨论行动秘诀	1. 让学生观看微课，然后提出思考题：如果你是张雯，你会怎么做？ 2. 让各组代表上台领取行动秘诀列表 3. 向学生说明，一些行动秘诀对去除执行力黑箱、练就过硬执行力至关重要，让学生分组讨论出这些秘诀	1. 彩色卡纸 2. 行动秘诀列表 3. 微课	1. 任务驱动法	让学生深入分析行动秘诀列表中的案例，主动寻找行动秘诀

续表

教学环节	教学内容	学生活动	教师活动	教学手段	教学方法	设计意图
课中活动4：寻找行动秘诀	2. 讨论练就过硬执行力、去除执行力黑箱的行动秘诀	4. 各组选派代表展示讨论结果 5. 倾听教师指导	4. 组间巡回指导 5. 组织各小组展示讨论结果，及时给予指导	4. PPT 5. 白板	2. 讲授法	让学生深入分析行动秘诀列表中的案例，主动寻找行动秘诀
课中活动5：去除执行力黑箱	寻找去除执行力黑箱的举措	1. 各组进行执行力复盘 2. 各组成员结合自身经历，讨论去除执行力黑箱的举措 3. 各组派代表发言	1. 引导各组进行执行力复盘 2. 引导各组成员结合自身经历，讨论去除执行力黑箱的举措 3. 点评各组发言	PPT	1. 小组合作法 2. 任务驱动法	引导学生分析出提升执行力的举措
课堂总结		1. 倾听教师总结，内化提高自身执行力的意识 2. 明确课后作业要求	1. 总结本课所学 2. 布置课后作业	PPT		总结本课所学
课后作业	对参与“校园开放日”活动时的执行力进行复盘	参照去除执行力黑箱的方法，对参与“校园开放日”活动时的执行力进行复盘，填写复盘表	接收学生的复盘表，及时解疑答惑	线上学习平台	自主学习法	进一步夯实课上所学，为下节课做好铺垫

八、教学评价

1. 教师评价

教师根据学生完成任务的积极性、完整度进行评价，并给出指导意见。

2. 学生自评

根据通用职业素质课程的课程性质，在平等、轻松的环境中使用简单的评价方法进行定性评价。

3. 小组自评、互评

侧重从团队成员的参与度、任务的完成度等方面进行自评、互评。

第四课　组建自己的团队

教学单元/课	第二单元第四课	授课题目	组建自己的团队
课时	1 课时	教学对象	21 级口腔义齿制造专业中级班

一、选题价值

本课是继第二单元前三课之后，以团队组织者的角度介绍团队合作。由于学生缺少团队合作经历，单纯的理论和案例讲解很难提升学生组建团队的能力，因此教师选取“组建校园志愿小组”作为主题任务，为学生设计了学习情境，使枯燥难懂的理论获得了实践边界。学生在校园真操实练，践行了通用职业素质课程特有的以行动导向、任务引领为主，实训巩固为辅的教学模式。

二、学情分析

授课对象为 21 级口腔义齿制造专业中级班，该班共有 24 人，平均年龄 16 岁，男女比例均衡，学生的特点如下。

学习基础	初步学习了一些关于团队合作的理论，缺少团队合作的实践经验
学习能力	善于模仿和想象，动手能力强。不善于理性思考
学习兴趣	学习主观能动性不够强。喜欢互动，乐于合作。对直观、形象的教学内容比较感兴趣，善于用手机和互联网搜集信息
心理特点	自我认知不足，注意力不集中，部分同学自信心不足

三、学习目标

目标层次	目标内容
课前目标	充分了解贝尔宾团队角色理论，依据角色理论进行自我评估
课中目标	1. 理解组建团队的三要素，能够用组建团队的方法初步组建团队 2. 理解团队目标制定要遵循 SMART 原则，掌握 SMART 原则的精髓 3. 遵循 SMART 原则设立团队目标 4. 依据团队目标，通过集体讨论确定工作规则 5. 依据团队目标和工作规则撰写任务职责说明书
课后目标	1. 依据任务分工，执行志愿服务任务 2. 在志愿服务实践中分享团队合作的收获

续表

四、学习内容	
学习重点	
重点内容	在组建志愿小组的任务中学习制定团队的目标、确立团队的工作规则
确定理由	组建团队的三要素：目标、工作规则、分工。其中，目标、工作规则是组建团队的基础。只有确立了正确的目标和工作规则，团队才有可能完成既定任务
突破方法	1. 任务引领，变虚为实 以“组建校园志愿小组”为主题任务展开教学，将组建团队从理论教学变为应用教学。依据知识层级，层层展开教学。引导学生自始至终都围绕主题任务，探究组建团队的三要素。同时，设立任务清单，帮助学生巩固学习成果 2. 翻转课堂，充分准备 课前让学生做团队角色测试，引导学生依据团队角色测试的结果，更合理地完成团队组建。引导学生明确志愿服务的目标，有效利用课外时间 3. 微课教学，对比评价 让学生通过观看跟 SMART 原则有关的微课，更好地理解理论。让学生对比学习 SMART 原则前设立的团队目标和学习 SMART 原则后设立的团队目标，反思设立目标时的不足之处。在此过程中，及时给予评价反馈。 4. 集体讨论，聚焦要点 采用头脑风暴的方法，让学生结合校园实际情况，反复论证团队目标及工作流程的合理性。教师一边引导、一边补充讲解知识要点
学习难点	
难点内容	在实践中依据工作规则和分工执行团队任务、实现团队目标
确定理由	要想真正理解团队目标、工作规则和分工的意义，就要在实践中去验证
化解方法	设计三天团队合作实践任务，让学生分享感受、提出优化建议，在实际任务中真正锻炼团队合作的能力

五、学习资源

（一）学习环境

智慧教室。

（二）软件资源

PPT、微课、钉钉云课堂、学院官网等。

（三）硬件资源

教材、手机、白板、白板钉、多媒体设备、彩色卡纸、白纸、记号笔、评价表、袖标等。

续表

六、教学策略

1. 教师创造性地对教材内容进行二次编排，将团队角色理论提前到组建团队伊始讲解。教师在课前让学生做团队角色测试，节约课上时间，又能诊断学情。以组建团队的步骤组织教学，引导学生自主学习和探究。设定的教学目标与评价标准是明确的。

2. 教师设立“组建校园志愿小组”的主题任务，引导学生树立大局意识和责任意识。通过微课使学生更好地理解理论知识，完成团队组建。课后的实践任务检验了课堂学习效果，实现了提升学生团队合作能力的教学目标。

七、教学过程

教学环节	教学内容	学生活动	教师活动	教学手段	教学方法	设计意图
课前	贝尔宾团队角色测试	完成贝尔宾团队角色测试题，将测试结果上传到钉钉云课堂	发布贝尔宾团队角色测试题	1. 手机 2. 钉钉云课堂	自主学习法	1. 为后面组建团队打好基础 2. 节约课上教学时间
导入	发布任务	1. 观看视频，分享感受 2. 接受组建团队的任务	1. 播放视频，让学生分享观看视频后的感受，点评学生发言，引导学生体会志愿工作的重要性和团队合作的力量 2. 点出团队合作的意义。发布本课主题任务——组建校园志愿小组	视频	导入法	1. 让学生感受到团队合作的重要性 2. 引出主题任务
团队初建	贝尔宾团队角色理论	1. 回答教师提问 2. 学习贝尔宾团队角色理论 3. 依据贝尔宾团队角色理论和课前测试结果进行组队，6 人一组，选出队长	1. 提问：如果让你组建团队，你会怎样选择成员？如果成员都是一种类型的，好不好？总结学生发言 2. 以西游记取经团队成员角色分工为例，讲授贝尔宾团队角色理论 3. 展示学生课前团队角色测试的结果	PPT	1. 任务驱动法	补充讲解团队角色理论知识，组织学生依据课前测试结果组建团队，为后面的教学打好基础

续表

教学环节	教学内容	学生活动	教师活动	教学手段	教学方法	设计意图
团队初建	贝尔宾团队角色理论	4. 队长说出本团队组建的依据，验证团队角色理论的学习效果	4. 引导学生依据贝尔宾团队角色理论和课前测试结果进行组队并选出队长。提醒学生要结合他人的测试结果综合确定自己的团队角色 5. 让队长说出本团队组建的依据，验证团队角色理论的学习效果	PPT	2. 小组合作法	补充讲解团队角色理论知识，组织学生依据课前测试结果组建团队，为后面的教学打好基础
目标确定	目标管理中的SMART原则	1. 各团队内部讨论，确定本团队的志愿服务目标、工作重点 2. 将工作目标和重点分条写清楚，贴到白板上，各队派代表上台分享 3. 依据老师的点评和提供的网站进行信息搜集 4. 观看有关SMART原则的微课 5. 依据搜集的信息和SMART原则，评价和修订本团队的目标，各队派代表上台张贴并讲解修订后的目标 6. 各队自评、互评	1. 介绍组建团队三要素：目标、工作规则、分工。引导学生讨论确定自己团队的目标和工作重点。提示学生：团队目标就是一个团队想干成什么事。制定目标时，可以参考校园网站等，找到能做志愿服务的项目 2. 评价各队设立的目标是否符合SMART原则 3. 播放有关SMART原则的微课，补充介绍SMART原则并做示范 4. 引导各队依据搜集的信息和SMART原则，评价和修订本队的目标。让各队派代表上台张贴并讲解修订后的目标 5. 组织各队自评和互评 6. 小结，补充讲解知识点	1. 微课 2. PPT 3. 教材 4. 白板 5. 彩色卡纸	1. 任务驱动法 2. 小组合作法 3. 讲授法	学会用SMART原则制定目标是本课重点，需要花时间、巧用方法来突破重点

续表

教学环节	教学内容	学生活动	教师活动	教学手段	教学方法	设计意图
明确工作规则和分工	撰写团队工作规则。围绕团队目标和工作规则，明确团队成员的分工	1. 各队头脑风暴，对照已经确定的团队目标撰写团队工作流程、决策规则和团队成员行为准则，填写团队任务职责说明书 2. 各队派代表介绍本队的团队工作流程、决策规则和团队成员行为准则，并将其张贴到白板上 3. 各队派代表对其他团队的团队工作流程、决策规则和团队成员行为准则进行点评 4. 各队依据其他团队的点评，以及教师的点评、指导，修订团队工作流程、决策规则和团队成员行为准则 5. 各队依据团队目标、团队工作流程、决策规则和团队成员行为准则撰写团队成员分工	1. 组织各队对照已经确定的团队目标撰写工作规则，工作规则包括团队工作流程、决策规则和团队成员行为准则 2. 观察和记录各队讨论的情况 3. 点评各队的团队工作流程、决策规则和团队成员行为准则；组织各队互评。重点提示学生：工作规则一定要与之前设立的团队目标相符，能够实现团队目标。有了团队目标和工作规则后，还要围绕团队目标和工作规则，明确团队成员的分工	1. 课件 2. 教材 3. 白板 4. 白纸 5. 彩色卡纸	1. 任务驱动法 2. 小组合作法 3. 讲授法	设置头脑风暴和互评环节，有利于激发学生主动思考的积极性，使其制定的工作流程更可行
总结归纳、布置作业	总结本课重点、难点	1. 总结本课所学 2. 各队队长填写团队成员评分表（见附件 1）	1. 总结本课知识要点，评价各队表现，鼓励学生多实践 2. 填写教师评价表（见附件 2）	1. PPT 2. 白板 3. 评价表	总结评价法	总结课上所学

续表

教学环节	教学内容	学生活动	教师活动	教学手段	教学方法	设计意图
总结归纳、布置作业	布置作业	1. 将确定好的团队目标、工作规则等填到志愿服务说明书（见附件 3）上 2. 各队根据课上确定的团队目标和工作规则在校园各主要场所进行校园志愿服务 3 天	1. 让各队根据课上确定的团队目标和工作规则在校园各主要场所进行校园志愿服务 3 天 2. 监督、指导学生在校园各主要场所的志愿服务工作	1. 手机 2. 微信	实践指导法	让学生在实践中提升团队合作能力，检验组建团队的效果

八、教学评价

综合运用学生自评和教师评价两种评价方式，引导学生及时反思课上表现、总结课上所学并将课上所学灵活运用。

附 件 1

团队成员评分表

姓名： 队长确认：

阶段	项目	基础值	得分	提升值	得分	贡献值	得分	合计	总分
课前	角色诊断（6分）	完成团队角色测试，得2分		向老师有效提问一次，得2分，上限4分					
课中	团队初建（10分）	能够说出贝尔宾团队角色理论中的各种角色，得2分		明确自己在团队中的角色，得2分 能够说出本队组建原则，得3分		上台展示本队组建原则，得3分			
	目标确定（32分）	为本队写出团队目标，写出一个目标得2分，上限12分		写出的团队目标符合SMART原则并被采用 依据SMART原则完善团队目标并被采用 写出或完善一个目标得1分，上限16分		上台展示团队目标，展示一次得2分，上限4分			
	规则制定（40分）	为本队写出工作流程，为本队写出决策规则，为本队写出成员行为准则，写出成员分工，写出以上任意一项得1分，上限14分		写出的工作流程有利于实现工作目标并被采用 写出的决策规则有效、可行并被采用 写出的成员行为准则具体、合理并被采用		上台展示本队工作规则或为其他团队制定规则提供有效建议，展示一次或提供一条建议得2分，上限10分			

续表

阶段	项目	基础值	得分	提升值	得分	贡献值	得分	合计	总分
课中	规则制定（40分）			符合以上任意一项得 2 分，上限16分					
课后	实践活动（12分）	按时完成团队任务，得 1 分；较好完成团队任务，得3分		分享完成团队任务的心得，得2分；分享的心得较好的，得5分		提出优化建议，被有效采纳一次得 2 分，上限4分			

附　件　2

教师评价表

项目	评分细则（每项非常符合得 5 分、比较符合得 3 分、基本符合得 1 分、不符合得 0 分，满分 100 分）	一队	二队	三队	四队
课前自学	有效参与团队角色测试				
组建团队	按要求组建团队，成员角色互补				
	清晰阐述组建团队的原则和依据				
应用 SMART 原则制定团队目标	团队目标明确、具体				
	团队目标可度量				
	团队目标可实现				
	团队目标中，一个目标与其他目标具有相关性				
	团队目标的实现有明确的时间节点				
制定工作规则	工作流程具体、清晰				
	决策规则有效、可行				
	成员行为准则具体、合理				
填写任务职责说明书	团队成员均填写任务职责说明书				
	团队成员分工明确、合理				
课后实践	团队成员按时完成团队任务				
	团队成员分享收获、提出优化建议				
课堂表现	团队成员主动回答老师提问				
	团队成员积极参与讨论和合作				

续表

项目	评分细则（每项非常符合得 5 分、比较符合得 3 分、基本符合得 1 分、不符合得 0 分，满分 100 分）	一队	二队	三队	四队
课堂表现	团队成员积极参与成果展示,能运用白纸清晰呈现本队讨论成果				
评价总结	各队自评、互评时立场客观				
	依据教师点评和其他团队建议认真修改团队目标及工作规则				
总分					

附 件 3

志愿服务说明书

志愿服务内容	
团队成员	队长： 队员：
成员角色	
团队目标	
工作流程	
决策规则	
行为准则	
成员分工	
目标实现情况	
心得体会	

第五课　管理好自己的小团队

教学单元/课	第二单元第五课	授课题目	管理好自己的小团队
课时	2 课时	教学对象	21 级形象设计班

一、选题价值

学生经过前面几个章节的学习，对于人际交往、团队合作的理论和方法已比较熟悉，并且拥有了一定的实践经验。本次课要求学生把已学知识和技巧综合运用起来，实现综合能力的升华。

本次课选取的微任务是寝室管理方案的优化。该微任务紧密贴合学生真实的校园生活情境，实用性强，且直接关系到每位学生的切身利益，因此能够有效激发学生的参与热情与积极性。

通过学习与实践小团队的管理策略与技巧，寝室长不仅能够成长为一名合格的管理者，还能树立起领导团队的自信心；而寝室成员则能在这一过程中增强团队意识、大局观念及执行力，并学会从管理者的视角去理解和遵守规则，从而提升自身的综合素质。

二、学情分析

学习本课的 21 级形象设计班学生，均为高级技工班一年级的学生，他们刚刚体验了一年的住校生活。在这一年中，每个寝室的 6 名学生自然而然地形成了一个小团队。然而，寝室成员之间相处时难免会遇到各种小矛盾，这给负责寝室管理的同学带来了不小的压力。因此，优化寝室管理方案显得尤为重要且必要。

三、学习目标

课前目标：学生完成寝室管理问题的分析。

课中目标：学生以头脑风暴的方式讨论出新的、有效的寝室管理方案。

课后目标：学生执行、完善寝室管理方案。部分优秀学生加入学院寝室管理学生团队中。

四、学习内容

学习重点	
重点内容	有效批评
确定理由	寝室长遇到的最大问题是对不严格遵守寝室规则的寝室成员无法开展有效批评，要么不敢批评；要么批评方式不合适，导致对方产生抵触情绪

续表

续表

学习重点	
突破方法	1. 引导寝室长、寝室成员坦诚地对话。引导学生做到：对话过程中互相理解，换位思考，有理有据，对事不对人，采取合适的态度和说话方式，了解双方都能够接受的交流方式是什么，了解对方交流时的敏感点是什么，约定良性沟通规则并写进寝室管理规则里 2. 讲解教材中的经典案例 3. 邀请企业管理达人与学生视频连线，结合企业管理中的有效批评案例为学生答疑解惑
学习难点	
难点内容	激励团队成员
确定理由	1. 学生在校园内有很多激励方式难以使用，比如物质激励 2. 班级班委会成员相对固定，难以进行班干部“职位”激励 3. 学生容易产生懈怠情绪
化解方法	1. 引导寝室长尝试使用精神激励、培训激励和情感激励 2. 鼓励学生头脑风暴，设计符合学生实际的个性化激励方式 3. 讲解教材中的经典案例 4. 邀请学工处寝室管理工作人员与学生视频连线，由寝室管理工作人员回答学生们设计的激励方式是否可以获得学院批准

五、学习资源

（一）学习环境

多媒体教室。

（二）软件资源

云班课平台等。

（三）硬件资源

多媒体教学设备、白板、黑板、白纸、手机等。

六、教学策略

任务驱动法、头脑风暴法等。

续表

七、教学过程						
教学环节	教学内容	学生活动	教师活动	教学手段	教学方法	设计意图
课前	课前自主学习	1. 各寝室长从云班课平台上下载寝室整改计划书和“管理好自己的小团队”学习资料，对寝室管理工作进行深度剖析，总结寝室管理工作的问题，填写整改计划书中的“问题描述”和“问题分类”部分 2. 各寝室长主持召开寝室谈心谈话会，带领寝室全体成员学习“管理好自己的小团队”学习资料，一起填写寝室整改计划书中的“初步整改进程记录单”。在此期间，寝室长可根据实际需要与寝室成员单独谈话 3. 谈心谈话会后，寝室成员对寝室问题进行整改。整改一段时间后，寝室长再次召开寝室会议，组织寝室成员根据整改情况和新发现的问题一起填写寝室整改计划书中的“后期整改计划” 4. 寝室长将填写好的寝室整改计划书上传至云班课平台	1. 在云班课平台上发布寝室整改计划书、“管理好自己的小团队”学习资料、学院优秀寝室长选拔活动方案 2. 让寝室长将填写好的寝室整改计划书上传至云班课平台 3. 随时在线回答学生的疑问 4. 对各寝室上传的寝室整改计划书进行评分并写出意见	1. 寝室整改计划书 2. “管理好自己的小团队”学习资料 3. 学院优秀寝室长选拔活动方案	1. 小组合作法 2. 任务驱动法	让学生在任务引导下开展探究式学习，初步运用团队管理的知识点

续表

教学环节	教学内容	学生活动	教师活动	教学手段	教学方法	设计意图
课中	课前作业总结	听取老师课上点评，记录下待改进之处	逐一对各寝室提交的寝室整改计划书进行点评，采用先扬后抑的鼓励式评价法，指明优缺点		鼓励式评价法	引导学生反思、总结寝室整改计划书的不足之处
	知识点串讲	1. 听教师讲解知识点，加深对知识点的理解 2. 头脑风暴，提出适合寝室的有效的、新的激励方式	1. 结合教材中的经典案例及班主任管理工作实际，讲授“懂得授权”“有效批评”“激励团队成员”“定期监督并给予指导和帮助”等知识点 2. 组织学生头脑风暴，提出适合寝室的、有效的、新的激励方式	教材	1. 讲授法 2. 案例分析法 3. 头脑风暴法 4. 任务驱动法	加强学生对知识点的理解
	企业管理达人和学工处寝室管理工作人员在线答疑	1. 就“如何有效批评”等话题向企业管理达人展开提问 2. 请教寝室管理工作人员回答学生们设计的激励方式是否可以获得学院批准	通过线上视频的方式连线企业管理达人和学工处寝室管理工作人员，请他们答疑解惑			加深学生对知识点的理解
	小组探究改方案	1. 以寝室为单位，一起讨论如何进一步优化本寝室的管理方案 2. 将优化后的寝室管理方案写到白纸上	巡视全场，及时解疑答惑	白纸	1. 小组合作法 2. 任务驱动法	引导学生将已学知识点与寝室实践结合起来，尝试灵活运用知识

续表

教学环节	教学内容	学生活动	教师活动	教学手段	教学方法	设计意图
课中	小组配合汇报方案	1. 寝室长借助白板和白纸汇报优化后的寝室管理方案 2. 寝室其他成员：一人负责录像；一人负责做监督观察员；三人了解其他寝室的方案后列出至少三处可学习借鉴的地方	听取学生汇报，记录关键信息点，及时评价反馈	白板	1. 小组合作法 2. 任务驱动法	让学生通过展示讨论成果，灵活运用知识；通过比较各寝室方案，分析自身方案的优劣，以便查缺补漏
	教学评价和总结	1. 听取教师点评和知识总结 2. 填写评价表	1. 逐一点评各寝室方案的优劣 2. 总结本课知识点 3. 组织学生填写评价表 4. 公布表现最佳的寝室	评价表		引导学生对本课所学做总结，明确差距，以便后期改进
课后	巩固提升	1. 寝室长监督寝室成员执行最新的寝室管理方案并进行视频记录，将每天录制的视频上传到云班课平台 2. 根据企业管理达人、学工处寝室管理工作人员和教师的指导对方案再次进行微调 3. 关注优秀寝室长选拔结果	1. 督促学生每天拍摄视频并上传至云班课平台 2. 企业管理达人和学工处寝室管理工作人员与自己一起对学生上传的视频进行点评 3. 评选优秀寝室长，推荐优秀寝室长加入学院寝室管理学生团队中	云班课平台	1. 小组合作法 2. 任务驱动法	引导学生巩固本课所学知识，提高在实践中解决团队管理问题的能力，增强管理团队的信心

续表

八、教学评价
1. 针对学生课前、课中、课后的表现均进行及时、细致的评价。 2. 引导学生自评、互评，互相学习借鉴。 3. 引入企业管理达人、学工处寝室管理工作人员的评价，拓展评价维度。